FREUD
Moisés e o monoteísmo

FREUD
Moisés e o monoteísmo

Tradução
Inês A. Lohbauer

Sumário

Prefácio   7

MOISÉS E O MONOTEÍSMO

1. Moisés — um egípcio   25
2. Se Moisés era egípcio...   41
3. Moisés, seu povo e o monoteísmo   99
3.1 Primeira parte   99
    3.1a Comentário preliminar I   99
    3.1b Comentário preliminar II   102
    3.1.1 O pressuposto histórico   105
    3.1.2 Período de latência e tradição   117
    3.1.3 A analogia   126
    3.1.4 A aplicação   139
    3.1.5 As dificuldades   157

3.2 Segunda parte: resumo e recapitulação.   173
    3.2.1 O povo de Israel   175
    3.2.2 O grande homem   178
    3.2.3 O progresso da espiritualidade   185
    3.2.4 A renúncia às pulsões   191
    3.2.5 O conteúdo de verdade da religião   201
    3.2.6 O retorno do reprimido   204
    3.2.7 A verdade histórica   209
    3.2.8 O desenvolvimento histórico   214

Prefácio

Vibrações em torno do Moisés de Freud

Alessandra Affortunati Martins*

"A tradução é uma forma"(Benjamin,1921/2013, p. 102). Feita por Walter Benjamin em "A tarefa do tradutor", a contundente afirmação coloca o trabalho do tradutor ao lado de outros gêneros de obras ligadas à criação poética — a expressão é controversa, bem sei —, ao mesmo tempo em que o determina em sua forma imanente, diferenciando-o de outros da espécie. A tradução de Inês Antonia Lohbauer, que o/a leitor/a terá agora diante de seus olhos, cumpre da maneira mais primorosa essa difícil tarefa. Precisa e elegante, esta versão de *Moisés*

---

* Alessandra Affortunati Martins é psicanalista, pesquisadora na Cátedra Edward Saïd (Unifesp), doutora em Psicologia Social e do Trabalho pela USP, coordenadora do Projeto Causdequê?, membra do GT de Filosofia e Psicanálise da ANPOF, membra do GEPEF (Grupo de Estudos, Pesquisas e Escritas Feministas). Com um projeto sobre *Moisés e o monoteísmo*, foi Honorary Research Fellow na Birkbeck, University of London e pesquisadora de pós-doutorado no Departamento de Filosofia da FFLCH-USP. É colunista do site da Revista CULT, autora de *O sensível e a abstração: três ensaios sobre o Moisés de Freud* (Peixe-elétrico/E-galáxia, 2020), *Sublimação e Unheimliche* (Pearson, 2017) e organizadora de *Freud e o Patriarcado* (Hedra, 2020).

e o monoteísmo é capaz de realizar aquilo que só o exercício da boa tradução poderia operar: atualizar e fazer vibrar no agora uma obra escrita em outro contexto tempo-espaço e que se tornou clássica. Traduzir implica conectar-se profundamente ao espírito de um autor e simultaneamente afinar a sensibilidade às circunstâncias históricas, sociais e materiais nas quais a obra foi redigida. Quem não é capaz de deixar-se vaguear entre tempos e espaços distantes, pensando apenas na medida de seu corpo aterrado onde fincam-se os pés, talvez não esteja suscetível a perceber a atualidade impressionante de *Moisés e o monoteísmo*, captada na estrutura formal desta bela tradução. O ensaio que Freud escreveu entre 1934-1938, e publicou integralmente em 1939, pouco antes de sua morte, traz muitas camadas sobrepostas de pensamentos e pesquisas, além de uma intensidade visceral pouco comum nos textos freudianos.

Atônito diante do horror fascista na Europa, e exilado após a anexação da Áustria pela Alemanha nazista, Freud empreende uma escrita radical, esfacelando por completo qualquer princípio de identidade — obviamente a figura de seu Moisés rechaça a ideologia ariana, pautada na pureza da raça, mas também não recai inadvertidamente na ideologia sionista, que recompõe a figura inquebrantável do judeu atrelado às perspectivas de Estados nacionais. Sabe-se que nas mãos de Freud, o Moisés judeu torna-se egípcio — um nômade estrangeiro e revolucionário que inscreve uma esfera utópica de libertação — a Terra Prometida —, capaz de retirar os israelitas de sua condição oprimida e escravizada.

O ensaio é subdividido em três partes. Na parte I, há dois eixos centrais: a tese sobre o nome próprio de Moisés e a análise do alinhave na narrativa exílica, a partir da referência ao *O mito do nascimento do herói*, de Otto Rank, que revela uma inversão estrutural literária na perspectiva bíblica sobre a origem de Moisés. Embora essa parte seja considerada menos relevante, esses *insights* iniciais, que conduziram Freud aos subsequentes mais densos, já abalam irrevogavelmente a versão bíblica do Êxodo.

De onde teria surgido o nome hebraico da personagem, "Mosheh", e o que ele significa? — essa é a primeira pergunta que orienta Freud. No Êxodo, conta-se que uma princesa egípcia teria salvo o menino abandonado no Nilo, batizando-o com nome de Moisés. O nome teria um significado etimológico: "aquele que foi retirado da água" (ref. à atual trad). Verificando melhor no *Jüdisches Lexikon*, porém, Freud descobre que o significado se distancia do hebraico, cuja tradução seria, no máximo, "aquele que retira" (ref. à atual trad). O nexo lógico entre os eventos narrados na versão bíblica também é suprimido na trama: uma princesa egípcia estranhamente teria escolhido um nome próprio cuja derivação é hebraica. A incongruência, curiosamente, manteve-se invisível durante séculos. Porém uma coisa é certa: como provam vários egiptólogos contemporâneos, especialmente as pesquisas conduzidas pelo alemão Jan Assmann, o caminho freudiano é muito mais plausível. Não só a origem do nome "Moisés" seria egípcia, mas a própria figura que representa a inscrição do judaísmo na cultura pertence a uma tradição monoteísta oriunda do Egito antigo. Sobre o nome, diferentes fontes comprovam a insustentabilidade da versão exílica, como aquela encontrada por Freud em *The Dawn of Conscience* (1934):

> É digno de nota que seu nome (desse líder), Moisés, provavelmente seja egípcio. Ele é simplesmente a palavra egípcia "mose", que significa "filho", e é a abreviação de formas nominais mais extensas, como por exemplo Amon-mose, que quer dizer, filho de Amon, ou Ptah-mose, que é filho de Ptah, nomes que, por seu lado, são novamente abreviações de frases mais longas: Amon (presenteou uma) criança, ou Ptah (presenteou uma) criança. A palavra "criança" tornou-se logo um substituto confortável para o nome completo mais amplo, e não é raro encontrarmos a forma nominal "Mose" em monumentos egípcios. Certamente o pai de Moisés deu ao filho um nome composto de Ptah ou Amon, e no dia a dia o nome do deus foi sendo abandonado, até que o menino passou a ser chamado simplesmente de "Mose". (O "s" no final do nome Moisés provém da tradução grega do Antigo Testamento. Ele também não aparece no nome em hebraico, que é "Mosche"). (ref. à atual trad)

No enredo romanceado da história de Moisés, Howard Fast (1960) indicou bem como a problemática do nome é um ponto central para o destino do herói. Diante do faraó do Egito, de quem sua mãe é irmã, Moisés escuta:

> Nada há de errado em teu nome como nome... mas é apenas parte de um nome. Onde andará a outra parte, pergunto eu? [...] o que ele quer dizer é realmente belo: uma criança foi dada. Virou-se para a mulher [sua irmã, mãe de Moisés]: Mas onde está o resto minha irmã? (Havia uma nota de gentil zombaria em sua voz). Em todo o Egito não há outro Moisés, pois Moisés não é absolutamente um nome. [...] Se fosse Tut-Moisés, Amon-Moisés, Anubis-Moisés ou qualquer um dos outros vinte ou mais Moisés ninguém franzir-te-ia o cenho. (Fast, 1960, p. 27)

Por outro lado, Moisés ouve de sua mãe as últimas palavras em seu leito de morte:

> Noite após noite — bem, Moisés, temos nossos sonhos acerca de ti. Pouco sei dos deuses mas muito da política e as duas coisas andam de mãos dadas. Crês que foi esperando que um deus viesse apadrinhar-te que te chamei Moisés, e apenas Moisés? Estou certa que o próprio Deus Ramsés suspeita do significado de teu estranho nome que é apenas meio nome e do qual os tolos se riem. Deixa-os rir, meu filho. Deixa rir o Deus Ramsés pois ele sabe muito e pouco do que realmente és. Todavia, aja como um deus, meu filho — não apenas como um príncipe, mas como o príncipe do Egito. Que todos saibam disto — não por palavras mas pela maneira de andar, pela verdade cumprida e pela justiça, pelo olhar e pelo porte. (Fast, 1960, p. 50).

O nome amputado de Moisés expressa da maneira mais clara a identidade fraturada da personagem bíblica, enfatizada na obra freudiana. Lançado sem que algo o enrede a uma herança familiar evidente, Moisés deverá cumprir seu destino contando apenas com seus passos errantes e confiando na autoridade de sua verdade, aparentemente destituída de rastros. Outras características sublinhadas nas escrituras sagradas são a gagueira de Moisés e o fato de ele possuir uma "fala difícil" (ref. à atual trad). Para Freud, a Bíblia retrata "uma inibição ou um defeito na fala, o que o obrigava a depender da ajuda de Aaron, chamado de seu irmão, nas supostas negociações com o faraó" (ref. à atual trad). Entretanto, pelo prisma freudiano, tal linguagem rudimentar bem poderia sinalizar o fato de ele ser estrangeiro e falar um idioma diferente daquele compartilhado entre os israelitas que o seguiam.

Ligando indícios como esses, e escavando-os à maneira dos arqueólogos, Freud percebe a força de processos psíquicos defensivos para a criação ficcional da cultura e da própria escritura bíblica. Descobre desmentidos em relação à história egípcia e, na figura de Aquenáton, recupera, nas partes II e III, o fio que alinhava o gesto revolucionário mosaico. Toda outra configuração desdobra-se com a sobreposição, feita por Freud, de outros dois Moisés soterrados: o já mencionado egípcio e o outro midianita. O Moisés judaico assume uma vertente mítica de remendos e supressões de episódios traumáticos, referentes ao crime fundador da cultura — a morte do pai libertador e ao mesmo tempo extremamente rígido.

Não bastassem esses indícios mais sutis, Freud corajosamente reconstitui em detalhes o parentesco entre a 18ª dinastia faraônica e os preceitos judaicos de um Deus único, onipresente, onipotente e avesso à idolatria por amuletos e objetos vários comuns nas dinastias precedentes do Egito antigo. Recupera as hipóteses de Ernst Sellin, de acordo com as quais se sustenta a versão do assassinato de Moisés, como também havia defendido em seu mito fundador de *Totem e tabu* (1914/2010).

Aqui, todavia, vale uma ressalva. Ainda que Freud sugira essa retomada de suas teses sobre a horda primitiva a meu ver, há uma distinção fundamental entre essas construções estruturais: o vazio deixado após o assassinato do pai primevo difere inteiramente do vácuo que se sucede à morte do Moisés egípcio. Enquanto na rememoração ritualística do pai primitivo entre irmãos reestabelecem-se traços de uma arbitrariedade que favorece o anseio por interesses e desejos autoritários proibidos entre eles, Moisés deixa atrás de si a memória compartilhada de seu gesto corajoso de lançar-se em direção a um desejo sem contornos prévios e que aspira a formas de busca pela emancipação de um povo. Talvez seja esse desejo incondicional de liberdade a maior lição deixada pela tradição mosaica, enfatizada por vários teóricos importantes, como Ernst Bloch (1954/2005-6) ou Michael Waltzer (1986).

Há um elemento suplementar que deve ser mencionado aqui. Como pude constatar em minhas pesquisas no acervo da biblioteca de Freud em Londres, encontra-se ali uma vasta coleção de obras sobre o Oriente. Diante do conjunto, constata-se inequivocamente que, ao contrário do que em geral se supõe, Freud estava longe de ser um simples diletante nos estudos da cultura oriental.

A conferência sobre o Moisés de Freud, realizada por Edward Said em 2001, publicada sob o título *Freud e os não-europeus*, tornou-se referência inaugural para estudos pós-colonialistas e decoloniais na psicanálise. Contudo, mesmo ali, o interesse de Freud pelo Oriente é subestimado pelo intelectual palestino. Tanto as obras reunidas na biblioteca particular de Freud, como suas estatuetas antigas mostram alguém permanentemente atualizado nas discussões que borbulhavam em seu tempo em torno do Oriente. Publicações sobre as mais inéditas descobertas arqueológicas, ocorridas na época, e as diferentes interpretações dadas a elas, fazem parte do repertório intelectual de Freud. Portanto, o que se lê em *Moisés e o monoteísmo* é resultado não só de uma intuição profunda, mas também de pesquisas que foram pouco a pouco se consolidando em uma arquitetura que estremece os pilares judaico-cristãos e europeus que sustentavam a modernidade iluminista. Com o ensaio mosaico de Freud, temos o arcabouço teórico de uma psicanálise contemporânea que esfacela fronteiras ideologicamente distintivas entre Oriente e

Ocidente, estabelecidas mais fortemente a partir do século XIX. Ao invés de uma fronteira rígida entre essas duas partes do globo, o *Moisés* de Freud estabelece zonas de limiar.

O último ponto que gostaria de destacar nesse breve apanhado da obra que aqui se apresenta é a polêmica distinção entre matriarcado e patriarcado, feita na parte III de seu ensaio e assim traduzida por Inês Lohbauer:

> Muito mais palpável foi outro processo, que se apresentou a nós num tempo posterior. Sob a influência de momentos externos, que não precisamos acompanhar aqui, e que em parte também não são suficientemente conhecidos, ocorreu que a organização social matriarcal foi substituída pela patriarcal, e com isso naturalmente houve uma revolução das condições jurídicas vigentes até então. [...]. Mas além disso essa mudança da mãe para o pai demonstra uma vitória do espiritual sobre o sensorial, portanto, um progresso cultural, pois a maternidade é comprovada pelo testemunho dos sentidos, enquanto a paternidade é apenas uma suposição, construída sobre uma conclusão e um pressuposto. O posicionamento que coloca o processo de pensamento acima da percepção sensorial, revelou-se um passo de graves consequências. (ref. à atual trad)

Ora, é impossível não admitir que o "progresso cultural" e o "passo com graves consequências", representado pela passagem ao patriarcado, cumpriram mal suas promessas. Além de a abstração derivar do fato de que "a maternidade é comprovada pelo testemunho dos sentidos", ao contrário da paternidade, que é apenas uma suposição construída sobre uma conclusão e um pressuposto, na ausência do nome e da imagem do Deus judaico, a negatividade mosaica prevalece, o que também exige uma forma abstrata de pensamento. Afastados do encantamento da sensorialidade, os judeus teriam começado a apreciar as qualidades intelectuais. Os efeitos dessa tradição intelectual teriam sido o controle sobre a brutalidade e a violência, ligadas à força muscular como um ideal.

Nesse cenário, montado por Freud, a intelectualidade masculina é contraposta à sensorialidade e à sensualidade feminina: "O progresso espiritual consiste na decisão contra as percepções sensoriais diretas, em favor dos assim chamados processos intelectuais superiores, portanto, lembranças, reflexões e conclusões". (ref. à atual trad). Aos olhos de Freud, parece salutar que a sensorialidade tenha sido pouco a pouca subjugada pela espiritualidade, sendo aquela uma característica ligada à ordenação política das mulheres, ao passo que na intelectualidade estariam as bases do poder patriarcal. Daí que, na disposição freudiana dos elementos bíblicos, "a paternidade é mais importante do que a maternidade", (ref. à atual trad) e tal valor seria a razão pela qual uma criança leva o nome de seu pai e é sua herdeira. Essa construção discursiva freudiana, formada por registros históricos da cultura judaica, carregaria os elementos que teriam permitido ao povo judeu introduzir na tradição ocidental o modo abstrato de pensar. Proibidos de fabricar a imagem de Deus, os judeus cultivam uma educação de constante renúncia aos instintos e o exercício permanente de um raciocínio ligado ao intangível.

Todavia, cabe uma observação: tal distinção, cheia de reverberações incômodas, só pode ser compreendida se tivermos em mente a resposta dada por Freud à brutalidade nazista. É conhecida a imagem mnemônica apresentada em *A interpretação dos sonhos*: Jacó hostilizado por um antissemita no Shabat e sua postura anti-heroica e submissa. Tais cenas oníricas aparecem para Freud sob um viés vingativo, a partir do qual almeja a superação da imagem frágil de seu pai.

Na visão de Daniel Boyarin (1997), esse fragmento onírico de 1900 revelaria o desejo de Freud de se afastar de aspectos tidos como afeminados na identidade judaica; em lugar da visão do judeu ideal franzino e intelectualizado, a versão austera do porte físico vigoroso, valorizada pelo judaísmo rabínico. O difundido traço de ligação entre judaísmo e caráter afeminado nasceria a partir da marca da castração — pela circuncisão nos judeus e pelo órgão feminino na mulher. Na imagem do sonho relatado, a identificação de Freud com Aníbal invertia aquele quadro resignado de seu pai, e o impelia a enfrentar com bravura seus inimigos. Segundo Frosh (2005): "Freud aqui, e em grande parte de seus escritos, parece estar adotando a visão antissemita de que tal 'feminilidade' deve ser desprezada e que o verdadeiro heroísmo — a verdadeira masculinidade — deve ser encontrado na força" (p. 195). Indo um pouco além nessa hipótese, Frosh (2005) argumenta que "parte do investimento emocional que Freud teve na *conquista* judaica, particularmente em face ao contexto de ataque antissemita, pode ser relacionado com sua sensibilidade em relação ao pai como um herói fracassado, e da passividade judaica, em geral, como um sinal de disputa 'racial'". (p. 37).

O que muda com a defesa de Freud de um patriarcado intelectualizado no Moisés em contraste à almejada reação impulsiva, esperada de seu pai diante das manifestações antissemitas? É certo que em 1908 — tendo Jung em mente — Freud já havia escrito a Karl Abraham: "Abrigo a suspeita de que o antissemitismo contido dos suíços, que também recai sobre mim, lança-se reforçado sobre você. Apenas penso que, como judeus, se quisermos participar de algo, temos que desenvolver um pouco de masoquismo, estar dispostos a permitir que nos façam alguma injustiça. De outra forma, é impossível conviver" (Freud apud Frosh, 2005, p. 43). Nesse trecho, impera o conhecido tom resignado lido no gesto de seu pai. Em *Moisés*, entretanto, é a própria imagem de Jacó que sofre uma paralaxe. Freud vislumbra a superioridade do ato refletido — aliás, como o de *Moisés* de Michelangelo — em contraste com a violência brutalmente exposta.

Não se trata de desculpar Freud pela misoginia subjacente, mas de compreender as camadas que estão em jogo em seu gesto de escrita nesta parte. Se ao traço afeminado judaico enredava-se a fraqueza e a resignação, agora esses atributos, menos impetuosos e mais mentais, aparecem como uma qualidade superior e masculina. Só que nessa manobra psíquica que converte qualidades intelectuais — antes ligadas ao judeu como traços femininos — em algo profundamente masculino, Freud vê-se convocado a dissociar a inteligência da figura simbólica e política da mulher. Com isso ele garante seu ataque aos alemães antissemitas, provido de armas que ele quer mais potentes e sofisticadas: a virilidade da inteligência, da abstração e das conquistas intelectuais. Portanto, seu texto pode ser lido como um gesto político ante a barbárie nazista, e simultaneamente uma forma de reconciliação com o velho Jacó.

Evidentemente que seu exílio em Londres foi uma necessidade, questão de vida ou morte. Entretanto, não se igualar ao algoz com manifestações rudes e violentas do mesmo feitio, leva-o a fazer de seu exílio um *ethos* que se distancia da violência, além de um motivo de orgulho. Muito bem recebido pelos ingleses, Freud "pega seu chapéu", como havia feito silenciosamente Jacó diante do ataque sofrido, e sai de Viena para fazer coisas mais importantes do que enfrentar seus inimigos com bravatas inconsequentes. Em Londres, continua dedicando-se ao que foi a razão de sua vida — a criação e a expansão da psicanálise —, arquitetando inclusive uma das mais penetrantes obras como resposta perene à barbárie nazista. Daí que o texto de Freud seja uma identificação com Moisés no exílio, mas também o reconhecimento da identificação com seu pai, agora apaziguada, isto é, sem que tente, como antes, negá-la.

Essas são apenas algumas camadas que ressoam desse ensaio incontornável, que o/a leitor/a terá o prazer de ler agora nessa belíssima tradução.

Referências bibliográficas

Bloch, E. (1954) *O Princípio Esperança*. 3 volumes. Trad. Nélio Schneuder. Rio de Janeiro: EdUERJ: Contraponto, 2005/2006.

Boyarin, D. *Unheroic Conduct: The Rise of Heterosexuality and the Invention of the Jewish Man*. Berkeley: University of California Press, 1997.

Freud, S. (1900*). A interpretação dos sonhos*. Obras completas. V. 4. Trad. Paulo César de Souza. São Paulo: Companhia das Letras, 2019.

_____ (1914). *Totem e tabu*. In: Freud, S. Obras completas. V. 11. Trad. Paulo César de Souza. São Paulo: Companhia das Letras, 2010.

_____ (1939). *Moisés e o monoteísmo*. São Paulo: Editora Martin Claret. Trad. Inês Antonia Lohbauer, 2022.

Stephen Frosh, *Hate and the Jewish Science*. London/New York, 2005.

Said, E. (1986). Michael Walzer's "Exodus and Revolution": *A Canaanite Reading*. In: Grand Street, v. 5, n. 2, 1986, p. 86-106.

Said, E. (2003). *Freud e os não-europeus*. São Paulo: Boitempo, 2003.

Walzer, M. (1986). *Exodus and Revolution*. New York: Basic Books, 1986.

FREUD
Moisés e o monoteísmo

1. Moisés – um egípcio

Não nos agrada contestar a versão de que um homem com a fama de ser o maior dentre os filhos de um povo tenha pertencido a ele, sobretudo quando nós mesmos pertencemos a esse povo. Mas não nos deixemos levar por nenhum exemplo, nem transformemos a verdade em favor de supostos interesses nacionais, pois a partir do esclarecimento de uma situação podemos esperar obter uma vantagem para nosso ponto de vista.

Moisés, que foi o libertador, legislador e fundador da religião do povo judeu, pertenceu a tempos tão remotos que não podemos deixar de perguntar, previamente, se ele foi de fato uma personalidade histórica ou uma criação lendária. Se ele viveu, então foi no século XIII ou talvez XIV antes da nossa contagem do tempo; não temos nenhum documento a seu respeito além das escrituras sagradas e as tradições registradas por escrito pelos judeus. Mesmo sem uma certeza decisiva, a grande maioria dos historiadores declara que Moisés realmente viveu, e o êxodo do Egito, a ele vinculado, de fato ocorreu. Com razão, afirma-se que a história posterior do povo de Israel seria incompreensível se não aceitássemos esse pressuposto. A ciência de hoje tornou-se bem mais cautelosa, e encara as tradições com muito mais prudência do que nos primeiros tempos da crítica histórica.

A primeira coisa que desperta nosso interesse na pessoa de Moisés é o nome, que corresponde ao hebraico *Mosche*. Podemos perguntar: de onde ele vem? O que significa? Sabe-se que já o relato de Exodus, cap. 2, mostra-nos uma resposta. Ali se conta que a princesa egípcia que salvou o menino abandonado no rio Nilo deu-lhe esse nome com a seguinte justificativa etimológica: eu o retirei da água. Mas essa explicação é insuficiente. Um escritor afirma, no "*Jüdisches Lexikon*"[1] (Enciclopédia Judaica):

"A explicação bíblica do nome 'aquele que foi retirado da água' é uma etimologia popular, que não está em sintonia com a forma hebraica ativa ('Mosche' pode, no máximo, significar 'aquele que retira)."

Essa negação pode ser corroborada por mais dois argumentos, primeiro, que é um disparate atribuir-se a uma princesa egípcia a escolha de um nome proveniente do hebraico, e segundo, que a água da qual a criança foi retirada, muito provavelmente não era a água do rio Nilo.

Por outro lado, há muito tempo e em diversos locais foi levantada a hipótese de que o nome Moisés teria a sua origem no vocabulário egípcio. Em vez de apresentar todos os autores que se expressaram nesse sentido, quero introduzir aqui um

---

[1] *JÜDISCHES LEXIKON* (Enciclopédia Judaica) fundamentada por Herlitz e Kirschner, vol. IV, 1930, Jüdischer Verlag, Berlim.

trecho traduzido[2] do texto correspondente de um recente livro de J. H. Breasted,* um escritor cujo livro *HISTORY OF EGYPT* (História do Egito) de 1906, é considerado referencial:

> É digno de nota que seu nome (desse líder), Moisés, provavelmente seja egípcio. Ele é simplesmente a palavra egípcia "mose", que significa "filho", e é a abreviação de formas nominais mais extensas, como por exemplo Amon-mose, que quer dizer, filho de Amon, ou Ptah-mose, que é filho de Ptah, nomes que, por seu lado, são novamente abreviações de frases mais longas: Amon (presenteou uma) criança, ou Ptah (presenteou uma) criança. A palavra "criança" tornou-se logo um substituto confortável para o nome completo mais amplo, e não é raro encontrarmos a forma nominal "Mose" em monumentos egípcios. Certamente o pai de Moisés deu ao filho um nome composto de Ptah ou Amon, e no dia a dia o nome do deus foi sendo abandonado, até que o menino passou a ser chamado simplesmente de "Mose". (O "s" no final do nome Moisés provém da tradução grega do Antigo Testamento. Ele também não aparece no nome em hebraico, que é "Mosche")

Reproduzi o trecho literalmente, e não estou disposto, de modo algum, a compartilhar a

---

[2] *THE DAWN OF CONSCIENCE*, (O alvorecer da consciência) Londres, 1934, p. 350.

* James Henry Breasted (1865-1937) arqueólogo e historiador norte-americano, o primeiro cidadão dos Estados Unidos a obter um doutorado em egiptologia. (N.T.)

responsabilidade pelas suas particularidades. E também admira-me um pouco de que Breasted, em seu relato, tenha omitido justamente os nomes teóforos* análogos que se encontram na lista dos reis egípcios, como *Ah-mose*, (Amós), *Thut-mose* (Tutmés) e *Ra-mose* (Ramsés).

Então deveríamos esperar que qualquer um dos muitos que reconheceram o nome Moisés como sendo egípcio, também tivesse chegado à conclusão, ou pelo menos tivesse pensado na possibilidade, de que o portador do nome egípcio tivesse sido, ele mesmo, um egípcio. Nos tempos modernos chegamos a essas conclusões sem ressalvas, apesar de uma pessoa, atualmente, não possuir apenas um nome, mas dois, nome e sobrenome, e apesar de não podermos excluir a hipótese de terem sido feitas modificações e ajustes no nome, em circunstâncias mais recentes. Então não nos causa nenhuma surpresa a constatação de que o poeta Chamisso tem origem francesa, Napoleão Bonaparte, por seu lado, tem origem italiana, e que Benjamin Disraeli era de fato um judeu italiano, como seria de se esperar, com esse nome. E podemos supor que em tempos antigos e no passado uma conclusão como essa, do nome da pessoa ligado ao povo ao qual pertence, deveria ser bem mais confiável e na verdade até obrigatória. Entretanto, a meu ver, no caso de Moisés nenhum historiador chegou a essa conclusão, nem mesmo algum daqueles que,

---

* São nomes hebraicos tradicionais que contém elementos alusivos a Deus ou a deidades. (N.T.)

justamente como Breasted, estão dispostos a admitir que Moisés estava familiarizado "com toda a sabedoria dos egípcios".[3]

Não se pode presumir, com certeza, qual seria o obstáculo interposto a esse caminho. Talvez o respeito pela tradição bíblica fosse insuperável. Talvez a ideia de que Moisés não tivesse sido um hebreu parecesse improvável demais. De qualquer modo, constata-se que o reconhecimento do nome egípcio não é considerado decisivo para a avaliação da origem de Moisés, e que não se conclui mais nada a partir dele. Se a questão da nacionalidade desse grande homem for considerada significativa, seria desejável que fosse apresentado um novo material para a sua elucidação.

É o que meu pequeno ensaio pretende. Sua pretensão a ocupar um espaço na revista Imago fundamenta-se no fato de que seu conteúdo se constitui numa aplicação da psicanálise. Certamente esse argumento só produzirá uma impressão importante naquela minoria de leitores familiarizados com o pensamento analítico, e que costuma valorizar seus resultados. Esperamos que a eles pareçam realmente importantes.

No ano de 1909 Otto Rank,* na época ainda sob a minha influência, publicou com o meu apoio

---

[3] L.c. p. 334. E isso apesar da suposição de que Moisés teria sido egípcio ter sido mencionada frequentemente, desde os tempos mais remotos até o presente, sem referência ao seu nome.

* Otto Rank, ou Otto Rosenfeld, (1884-1939) foi psicanalista, escritor, professor e terapeuta austríaco, discípulo e amigo de Freud por mais de 20 anos. (N.T.)

um texto intitulado DER MYTHOS VON DER GEBURT DES HELDEN[4] (O mito do nascimento do herói). Ele trata do fato de que,

> desde os primórdios dos tempos, "quase todos os importantes povos da civilização... glorificaram em poemas e lendas seus heróis, seus lendários reis e príncipes, fundadores de religiões, de dinastias, de reinos e cidades, em resumo, os seus heróis nacionais." E principalmente, eles conferiam características fantásticas às histórias sobre o nascimento e a juventude desses heróis; a espantosa semelhança e em parte literal concordância entre essas histórias, em povos diferentes e até amplamente separados e independentes, já era bastante conhecida e chamou a atenção de muitos pesquisadores.

Quando, de acordo com o relato de Rank, construímos numa técnica Galtônica* uma "lenda geral", que destaca as principais características de todas essas histórias, obtivemos o seguinte quadro: "O herói é o filho de pais mais *nobres*, na maioria das vezes é filho de um rei. O seu surgimento é precedido de muitas dificuldades, como a abstinência, uma longa infertilidade, ou a relação secreta dos pais, em função de proibições externas ou obstáculos. Durante a gravidez, próximo do

---

[4] Quinto caderno da *"Schriften zur angewandten Seelenkunde"* (Cadernos de psicologia aplicada) Fr. Deuticke, Viena. Estou longe de desvalorizar as contribuições independentes de Rank a esse trabalho.

* Francis Galton (1822-1911) foi um antropólogo, meteorologista e matemático inglês. Primo de Darwin, criou o conceito de "eugenia", que é o aperfeiçoamento de uma determinada espécie por meio da seleção artificial. (N.T.)

nascimento ou mesmo antes, é enviada uma mensagem de advertência (um sonho, ou um oráculo) que geralmente contém uma ameaça ao pai. Por causa disso, a mando do *pai ou da pessoa que o representa*, o recém nascido é condenado à morte ou ao abandono. Via de regra ele é entregue às águas *dentro de um cestinho*. Então ele é salvo por animais ou pessoas de classes sociais inferiores, (pastores) e amamentado por um *animal fêmea* ou *uma mulher dessa classe inferior*. Já crescido ele reencontra seus pais nobres, por um caminho cheio de vicissitudes, *vinga-se do pai*, por um lado, e por outro é *reconhecido* e alcança grandeza e fama."

A mais antiga das personalidades históricas à qual foi vinculado esse mito do nascimento foi *Sargão de Ágade*,* o fundador da *Babilônia* (cerca de 2800 AC). Justamente para nós não deixa de ser interessante reproduzir aqui esse relato, atribuído a ele mesmo:

> Sargão, o poderoso rei, rei de Ágade, sou eu. Minha mãe era uma vestal, meu pai eu não conheci, enquanto o irmão de meu pai habitava as montanhas. Na minha cidade Azupirani, situada às margens do Eufrates, a mulher que seria minha mãe engravidou. *Ela deu à luz num local secreto. Colocou-me num recipiente de junco*, fechou as portinholas com pixe, *e me abandonou na correnteza*, mas eu não afundei. A correnteza conduziu-me até Akki, o aguadeiro. Akki, o aguadeiro, com

---

* Também conhecido por Sargão, o Grande (2300-2215 AC) rei de Ágade (ou Acádia), foi o fundador da dinastia acadiana e reinou por 56 anos. (N.T.)

a bondade de seu coração, içou-me à terra. Akki, *o aguadeiro, criou-me como seu próprio filho*. Akki, o aguadeiro, fez de mim seu jardineiro. No meu ofício de jardineiro Istar afeiçoou-se a mim, então tornei-me rei e permaneci como rei por 45 anos.

Os nomes mais conhecidos por nós, nessa série que se inicia com *Sargão de Ágade*, são Moisés, Ciro, e Rômulo. Além disso, Rank reuniu um grande número de figuras de heróis pertencentes ao âmbito da poesia ou da lenda, aos quais é atribuída a mesma história, em sua totalidade ou em partes já bem conhecidas, como por exemplo: Édipo, Karna,* Páris, Télefo,* Perseu, Héracles,* Gilgamesh, Anfião e Zeto,* entre outros.

Tomamos conhecimento da fonte e da tendência desse mito por meio das pesquisas de Rank. Pretendo referir-me a elas apenas com breves indicações. Um herói é aquele que se ergueu com determinação contra seu pai e no final conseguiu superá-lo, com êxito. Nosso mito acompanha essa luta desde os primórdios da existência do indivíduo, quando

---

* É um dos personagens centrais do épico hindu Mahabharata, e considerado filho do Sol. (N.T.)

* Na mitologia grega, Télefo (em grego: aquele que brilha longe) era um dos heráclidas, filho de Héracles e Auge. (N.T.)

* Héracles é o nome em grego de Hércules (latim), um semideus, filho de Zeus e Alcmena, um herói dotado de grande força e coragem. (N.T.)

* Na mitologia grega os gêmeos Anfião e Zeto eram filhos de Zeus e Antíope. Anfião recebeu uma lira de Hermes, que o ensinou a tocar, enquanto Zeto cuidava da caça e do pastoreio. Anfião construiu a cidade de Tebas tocando a lira. (N.T.)

a criança nasce contra a vontade do pai e é salva desse nefasto destino. O abandono no cestinho é uma inconfundível representação simbólica do nascimento, em que o cestinho é o útero materno, e a água o líquido amniótico. Em inúmeros sonhos a relação pais-filho é representada pela retirada ou o salvamento da criança de dentro da água. Quando a fantasia popular vincula o mito do nascimento, do qual estamos falando aqui, a uma personalidade excepcional, então é porque pretende reconhecer essa pessoa como um herói, anunciar que ela seguiu plenamente o esquema de uma vida de herói. No entanto, a fonte de toda narrativa é o assim chamado "romance familiar" da criança, no qual o filho reage à mudança de suas relações afetivas com os pais, especialmente com o pai. Os primeiros anos da sua infância são dominados por uma supervalorização do pai, e, correspondentemente, do rei e da rainha dos sonhos e contos de fada, que sempre representam apenas os pais; posteriormente, sob a influência da rivalidade e da efetiva decepção, a criança se desvincula dos pais e assume uma postura crítica com relação ao pai. De acordo com isso as duas famílias do mito, tanto a nobre quanto a de classe inferior, refletem a própria família, tal como aparecem à criança nos anos sucessivos.

Graças a essas explicações podemos afirmar que a divulgação, assim como a uniformidade do mito do nascimento do herói, tornam-se totalmente compreensíveis. Mais ainda, atrai o nosso interesse o fato de que a lenda do nascimento e do abandono de Moisés assume uma posição especial, na verdade ela contradiz todas as outras num ponto essencial.

Nosso ponto de partida são as duas famílias, entre as quais se desenrola a lenda do destino da criança. Sabemos que na interpretação analítica as duas coincidem, e só se separam temporalmente. No formato típico da lenda a primeira família, na qual nasceu a criança, é a dos nobres, e geralmente está inserida num ambiente régio. A segunda, na qual a criança cresce, é a de classe inferior, ou rebaixada, como corresponde às condições às quais se refere a interpretação. Apenas na lenda de Édipo essa diferença é indefinida. A criança rejeitada de uma família real é adotada por outro casal real. Então dizemos que, não por acaso, justamente nesse exemplo a identidade original das duas famílias também transparece na lenda. O contraste social das duas famílias que, como sabemos, deve enfatizar a natureza heroica do grande homem, confere ao mito uma segunda função, que se torna especialmente significativa no caso das personalidades históricas. Esse contraste também pode ser utilizado para produzir um atestado de nobreza para o herói, elevando-o socialmente. Assim, para os medos,* Ciro é um conquistador forasteiro, mas no roteiro da lenda do abandono ele se torna o neto do rei dos medos. O mesmo ocorre com Rômulo;

---

* Uma das tribos de origem ariana que migraram da Ásia Central para o planalto iraniano na Antiguidade. Em termos de raça, língua e religião estavam relacionadas aos persas. (N.T.)

se uma pessoa correspondente a ele viveu de fato, então foi um aventureiro imigrante, um alpinista social. Mas por meio da lenda ele se torna o descendente e herdeiro da casa real de *Alba Longa*.*

Bem diferente é o caso de Moisés, em que a primeira família é bastante modesta, embora nas lendas ela geralmente é a mais nobre. Ele é filho de levitas judeus. Mas a segunda família, a de classe social inferior na qual o herói geralmente cresce, no caso de Moisés é substituída pela casa real do Egito, onde a princesa o cria como se fosse seu próprio filho. Esse desvio do caso típico causou estranheza em muitos pesquisadores. Ed. Meyer* e outros depois dele admitiram que talvez originalmente a lenda tivesse sido diferente; o faraó teria sido advertido, por um sonho profético,[5] de que um filho da sua filha representaria um risco para o reino. Por isso, ele ordenou que depois do nascimento a criança fosse abandonada no rio Nilo. Mas ela é salva por judeus e criada por eles como seu próprio filho. Em função de "razões nacionais", como Rank[6] o expressa, a lenda sofreu uma mudança e assumiu o formato que conhecemos.

---

* É uma cidade lendária que teria sido fundada por Ascanio, filho de Eneias. Era governada pelos assim chamados legendários reis do Lácio, reis latinos de Roma ou reis albanos. (N.T.)

* Eduard Meyer (1855-1930) foi um historiador alemão, professor de história antiga nas universidades de Breslau, Halle e Berlim, na Alemanha, e depois em Harvard, nos Estados Unidos. (N.T.)

[5] Mencionado também no relato de Flavio Josefo.
[6] L.c. p. 80, nota.

Mas a ponderação a seguir nos mostra que uma lenda original como essa, sobre Moisés, que não se desviasse das outras, não pode ter existido. Pois a lenda ou é de origem egípcia ou de origem judaica. O primeiro caso está excluído; os egípcios não tinham motivo nenhum para enaltecer Moisés, ele não era um herói para eles. Portanto, a lenda deve ter sido criada pelo povo judeu, isto é, deve ter sido vinculada à pessoa do líder em sua forma já conhecida. Mas ela era totalmente inadequada, pois que proveito poderia trazer para o povo uma lenda em que seu grande homem seria um estrangeiro?

Notavelmente, no formato em que a lenda de Moisés se apresenta a nós hoje, ela permanece aquém de suas intenções secretas. Se Moisés não é um rebento real, a lenda não pode rotulá-lo como um herói; se ele continua sendo filho de judeus, ela não fez nada para promovê-lo. Só um pedacinho do mito inteiro continua funcionando, a certeza de que, apesar das adversidades, a criança sobreviveu. Essa característica também foi reproduzida na história da infância de Jesus, em que o rei Herodes assume o papel do faraó. Então, de fato, temos a liberdade de supor que algum desajeitado revisor do material da lenda sentiu-se estimulado a conferir ao herói Moisés características semelhantes às do herói da clássica lenda do abandono, mas que, por causa das condições especiais do caso, não poderiam ter sido aplicadas a ele.

A nossa pesquisa precisou se contentar com esse resultado insatisfatório e sobretudo incerto, que também não contribuiu nada para responder à pergunta se Moisés era egípcio. Mas existe outro caminho para a avaliação da lenda do abandono, talvez mais promissor.

Vamos voltar para as duas famílias do mito. Sabemos que no nível da interpretação analítica elas são idênticas, mas no nível mítico elas se diferenciam, uma é nobre e a outra é de classe inferior. Porém quando se trata de uma figura histórica ligada ao mito, existe um terceiro nível, o da realidade. A família na qual essa figura, esse grande homem, de fato nasceu e cresceu, é a sua família verdadeira; a outra é fictícia, inventada pelo mito para alcançar seus propósitos. Via de regra a família verdadeira coincide com a de classe inferior, e a inventada com a nobre. No caso de Moisés parece ter ocorrido outra coisa. Talvez o novo ponto de vista conduza ao esclarecimento de que a primeira família, aquela da qual a criança é excluída, seria a família inventada — em todos os casos que podem ser considerados — mas a posterior, na qual ela é adotada e criada, seria a verdadeira. Se tivermos a coragem de reconhecer esse princípio como uma generalidade, ao qual também submetemos a lenda de Moisés, então reconheceremos claramente, de uma vez por todas, que Moisés é egípcio — provavelmente nobre — e que, por meio da lenda, foi transformado em judeu. E esse seria o nosso resultado! O "abandono na água" estava em seu lugar correto; para se adaptar à nova tendência, o seu objetivo precisou ser invertido, até de forma forçada: partindo de um abandono, ele se tornou um meio de salvação.

A diferença da lenda de Moisés em relação a todas as outras do seu tipo pode ser devida a uma especificidade da história de Moisés. Enquanto, ao longo de sua vida, um herói geralmente ascende da sua classe inferior inicial, a trajetória heroica de Moisés começou quando ele desceu de sua classe superior e se uniu aos filhos de Israel.

Realizamos essa pequena pesquisa esperando obter, a partir dela, um segundo e novo argumento para a suposição de que Moisés era egípcio. Soubemos que o primeiro argumento, aquele a respeito do nome, não exerceu uma impressão decisiva sobre muitos pesquisadores.[7] Precisamos estar preparados caso o novo argumento, aquele da análise da lenda do abandono, não tenha uma melhor sorte. Provavelmente farão muitas ressalvas, dizendo que as condições da formação e da modificação das lendas são muito pouco transparentes, e não justificam uma conclusão como a nossa; e também que os mitos sobre a figura heroica de Moisés, com todo seu teor confuso, suas contradições e inconfundíveis sinais de contínuas e tendenciosas modificações e sobreposições ao longo dos séculos,

---

[7] Assim, por exemplo, Ed. Meyer diz: em "*Die Mosessagen und die Leviten*" (As lendas sobre Moisés e os levitas) editora Berliner Sitzber, 1905: "Provavelmente o nome Moisés é o nome Pinchas na linhagem sacerdotal de Silo... sem dúvida egípcio. Naturalmente isso não prova que essas linhagens eram de origem egípcia, mas que tinham relação com o Egito." (p. 651). Naturalmente podemos perguntar em que tipo de relação devemos pensar, no caso.

deverão frustrar todos os esforços de trazer à luz a essência da verdade histórica por trás delas. Eu não compartilho dessas ressalvas, mas também não estou em condições de refutá-las. Se não havia melhores elementos para se chegar a uma certeza, por que afinal eu trouxe essa pesquisa ao conhecimento do público? Lamento que a minha justificativa também não possa ir além dos dois argumentos aqui apresentados, para tentarmos levar a sério a suposição de que Moisés foi de fato um egípcio nobre, pois então se abririam perspectivas muito interessantes e amplas. Com a ajuda de determinadas suposições, nem tão remotas, acreditamos entender os motivos que conduziram Moisés a dar seu passo incomum e, numa estreita relação com isso, descobrirmos o possível fundamento de inúmeras características e especificidades da legislação e da religião que ele deu ao povo judeu, o que constitui um bom estímulo a visões significativas sobre a origem das religiões monoteístas em geral. Não podemos fundamentar conclusões de um tipo tão importante apenas em probabilidades psicológicas. Se considerarmos a nacionalidade egípcia de Moisés como tendo suporte histórico, então precisamos de pelos menos um segundo ponto de referência, para que as muitas possibilidades que surgirão fiquem protegidas contra a crítica de que são resultados da fantasia e distantes demais da realidade. Uma prova objetiva do momento em que ocorre a vida de Moisés e o êxodo do Egito talvez tivesse sido suficiente para isso, mas ela não foi encontrada, e por isso é melhor excluirmos qualquer informação sobre outras conclusões a respeito da ideia de que Moisés teria sido um egípcio.

2. Se Moisés era egípcio...

Numa colaboração anterior a essa revista[1] tentei reforçar, por meio de um novo argumento, a suposição de que Moisés, o libertador e legislador do povo judeu, não era judeu mas egípcio. O fato de seu nome ter origem no patrimônio linguístico egípcio já foi observado há muito tempo, mas não devidamente valorizado. Acrescentei que a interpretação do "mito do abandono" vinculado a Moisés precisava dessa conclusão de que ele era egípcio, mas que o povo tinha a necessidade de torná-lo judeu. No final de meu ensaio eu disse que a suposição de que Moisés era egípcio produziu importantes e amplas consequências; mas não estou disposto a defendê-las publicamente, pois elas se baseiam apenas em probabilidades psicológicas e carecem de uma prova objetiva. Quanto mais significativas as hipóteses assim obtidas, mais seriamente obedecemos à advertência de não as expor ao ataque crítico do mundo ao redor, sem uma fundamentação segura, como no caso de uma estátua de bronze que se apoia em pés de barro. Por mais sedutora que seja, nenhuma probabilidade consegue oferecer proteção contra o erro; mesmo

---

[1] Imago, vol. XXIII, 1937, caderno I: *"Moses ein Ägypter"* (Moisés, um egípcio).

quando todas as partes de um problema parecem se encaixar como as peças de um quebra-cabeças, deveríamos pensar que o provável não é necessariamente o verdadeiro, e a verdade nem sempre é provável. E finalmente, não é muito tentador sermos incluídos nas fileiras dos escolásticos e talmudistas que se satisfazem em exercer sua perspicácia livremente, não importando o quão estranhas à verdade possam ser suas afirmações.

Sem levar em conta essas preocupações que atualmente pesam tanto quanto no passado, surgiu, a partir do conflito sobre meus motivos, a decisão de prosseguir na análise daquela primeira conclusão. Mas por outro lado isso não é tudo, e também não a sua parte mais importante.

2.1

Portanto, se Moisés era egípcio, a primeira coisa que obtemos com essa suposição é um novo enigma, difícil de decifrar. Quando um povo ou uma tribo[2] dispõe-se a realizar um grande empreendimento, o que se espera é que um de seus membros se destaque como um líder ou seja escolhido para esse papel por meio de uma eleição. Mas é difícil de se imaginar o que levaria um nobre egípcio — talvez um príncipe, sacerdote ou alto funcionário — a se colocar à frente de um monte de forasteiros imigrantes, culturalmente mais atrasados, e com eles

---

[2] Não temos ideia dos números envolvidos no êxodo do Egito.

abandonar o país. O conhecido desprezo dos egípcios por povos estrangeiros torna esse procedimento especialmente improvável. Sim, quero acreditar que justamente por isso, até mesmo historiadores que reconheceram o nome de Moisés como sendo egípcio e atribuíram a ele toda a sabedoria do Egito, não querem aceitar essa razoável possibilidade de ele ter sido um egípcio.

A essa primeira dificuldade logo se acrescenta uma segunda. Não podemos esquecer que Moisés não era apenas o líder político dos judeus residentes no Egito, ele também era seu legislador e educador, e obrigou-os a seguir uma nova religião que, por sua causa, ainda hoje é chamada de mosaica. Mas será que uma única pessoa consegue tão facilmente criar uma nova religião? E quando essa pessoa quer influenciar a religião de outra, o mais natural não seria ela tentar convertê-la à sua própria religião? Certamente o povo judeu no Egito tinha uma forma qualquer de religião, e se Moisés, que deu a eles uma nova, era egípcio, então não devemos descartar a suposição de que a outra religião, a nova, fosse egípcia.

Mas há algo que atrapalha essa possibilidade: a mais profunda contradição entre a religião judaica atribuída a Moisés e a egípcia. A primeira é um rígido monoteísmo; existe apenas um Deus, ele é único, onipotente, inatingível; não conseguimos vê-lo, ou criar uma imagem dele, e nem mesmo pronunciar seu nome. Na religião egípcia existe uma multidão de divindades das mais diversas categorias e origens, algumas são personificações de grandes forças da natureza, como Céu e Terra, Sol e Lua, e outras são abstrações, como *Maat* (verdade, justiça)* ou um bobo da corte, como o nanico *Be*.* A maioria porém era de deuses locais, do tempo em que o país era fragmentado em inúmeros distritos com seus deuses em formato de animais, como se ainda persistisse a prática dos antigos ritos com animais totêmicos e diferenças indefinidas entre eles, com quase nenhuma função específica atribuída a cada um. Os hinos em homenagem a esses deuses dizem quase a mesma coisa de cada um deles; são identificados, sem maiores escrúpulos, de um modo que nos deixaria desesperadamente confusos. Os nomes dos deuses são combinados entre si, em que um deles quase é rebaixado a epíteto do outro; assim, no tempo florescente do "Novo Império", o principal deus da cidade de Tebas chama-se Amon-Ra, em que a primeira parte é o nome do deus da cidade, com cabeça de carneiro, enquanto Ra é o nome do deus solar On, que tem cabeça de falcão. Rituais mágicos e cerimônias, trabalhos de magia e amuletos dominavam o serviço desses deuses, assim como a vida cotidiana dos egípcios.

Algumas dessas diferenças são obviamente provenientes do contraste entre um rigoroso

---

* Maat é a deusa egípcia da justiça, da retidão e da ordem. (N.T.)

* Bes é uma divindade egípcia representada por um anão robusto e monstruoso. Era o bobo da corte dos deuses, senhor do prazer e da alegria. (N.T.)

monoteísmo e, um irrestrito politeísmo. Provavelmente outras são devidas à diferença no grau de espiritualidade, pois uma das religiões está muito próxima das fases primitivas, enquanto a outra sobe às alturas da mais sublime abstração. Devemos retornar a esses dois momentos, quando eventualmente tivermos a impressão de que o contraste entre as religiões mosaica e egípcia é algo bem determinado e propositalmente aguçado. Por exemplo, em uma delas todo tipo de magia e ocultismo é rigorosamente amaldiçoado, e na outra tudo isso prolifera profusamente. Ou a insaciável vontade dos egípcios de materializar seus deuses em barro, pedra e metal, à qual hoje nossos museus devem tanto, e que contrasta com a severa proibição da outra de representar qualquer ser vivo ou fictício numa imagem.

Porém existe outro contraste entre as duas religiões, não incluído nas explicações que tentamos apresentar. Nenhum outro povo da Antiguidade fez tanto para negar a morte, cuidou tão meticulosamente da possibilidade de viabilizar uma existência no além; como regente desse outro mundo, e de acordo com isso, ele designou Osiris, o deus da morte, como o mais popular e irrestrito de todos os deuses egípcios. Por outro lado, a religião judaica antiga renunciou totalmente à imortalidade; nela, a possibilidade de uma continuação da vida após a morte nunca foi mencionada, em nenhum lugar. E isso é mais estranho ainda quando experiências posteriores mostraram que a crença numa existência no além pode ser muito bem compatibilizada com uma religião monoteísta.

Esperávamos que a suposição de que Moisés teria sido um egípcio provasse ser fecunda e esclarecedora. Mas a nossa primeira conclusão, a suposição de que a nova religião que ele deu aos judeus teria sido a sua própria, ou seja, a egípcia, fracassou quando se reconheceu a grande diferença, ou o contraste, entre as duas religiões.

2.2

Um estranho fato da história da religião do Egito, só reconhecido e validado tardiamente, abre-nos mais uma perspectiva. É possível que a religião que Moisés deu a seu povo judeu tenha sido de fato a sua própria, ou seja, *uma* religião egípcia, ou até mesmo *a* religião egípcia.

Durante a gloriosa 18ª dinastia, na qual os egípcios tornaram-se pela primeira vez um império mundial, assumiu o trono, por volta do ano de 1375 AC, um jovem faraó, que primeiro chamou-se Amenófis IV, como seu pai, porém mais tarde mudou o seu nome — mas não apenas o seu nome. Esse rei resolveu impor aos seus egípcios uma nova religião, contrária às suas tradições milenares e a todos os seus hábitos de vida já consolidados. Era um rigoroso monoteísmo, e, até onde vai o nosso conhecimento, a primeira tentativa desse tipo na história mundial. Com a crença em um único Deus inevitavelmente nasceu a intolerância religiosa, que permanecera desconhecida na Antiguidade anterior, e também muito tempo depois. Mas o governo de Amenófis durou apenas 17 anos; logo depois de sua morte em 1358 AC, a nova religião foi varrida do reino, e a memória do rei herege foi proscrita. Das ruínas da nova residência que ele havia construído e devotado ao seu Deus, e das inscrições nas tumbas adjacentes a ela, provém o pouco que sabemos sobre ele. Tudo o que ainda pudermos descobrir sobre essa estranha e peculiar personalidade é de nosso maior interesse.[3]

Tudo que é novo precisa ter uma fase preliminar, antecipada, de preparações e pré-condições. Com alguma certeza as origens do monoteísmo egípcio podem ser rastreadas até um determinado momento no passado.[4] Na escola de sacerdotes do templo solar de *On* (Heliópolis), há muito já existia a tendência ao desenvolvimento da ideia de um deus universal, e à ênfase do lado ético de sua essência. *Maat*,* a deusa da verdade, da ordem e da justiça, era filha do deus Sol, Ra. Já sob Amenófis III, pai e antecessor do reformador, a veneração do deus Sol tomou um novo impulso, provavelmente em oposição a Amon de Tebas, que havia se tornado muito poderoso.

---

[3] *"The first individual in human history"* (O primeiro indivíduo da história humana) é como Breasted o chama.

[4] O que se segue, principalmente segundo as apresentações de J.H. Breasted em sua *HISTORY OF EGYPT* (História do Egito), 1906, assim como na *THE DAWN OF CONSCIENCE* (O alvorecer da consciência) 1934, e os respectivos parágrafos na *THE CAMBRIDGE ANCIENT HISTORY* (Cambridge, História Antiga) vol. II.

* Ver a nota do tradutor na página 44.

Foi restaurado um nome muito antigo do deus Sol, Aton, ou Atum, e nessa religião do deus Aton o jovem rei encontrou um movimento que ele nem precisou incentivar previamente, simplesmente pôde aderir a ele.

Nessa época as condições políticas do Egito começaram a influenciar a religião egípcia de forma duradoura. Por meio das façanhas bélicas do grande conquistador Tutmés III, o Egito tornara-se uma potência mundial: ao sul a Núbia, ao norte a Palestina e a Síria, e também um pedaço da Mesopotâmia haviam sido anexados ao império. Esse imperialismo refletia-se na religião como universalismo e monoteísmo. Como os domínios do faraó passaram a integrar, além do Egito, também a Núbia e a Síria, a divindade também precisou abrir mão dos seus limites nacionais e, como o faraó era o único e irrestrito soberano do mundo conhecido pelos egípcios, a nova divindade também deveria ser a única. Era natural que, com a extensão dos limites do império, o Egito se tornasse mais acessível às influências estrangeiras; algumas das mulheres reais[5] eram princesas asiáticas, e possivelmente também houve a entrada de estímulos diretos ao monoteísmo, vindos da Síria.

Amenófis nunca renegou sua adesão ao culto solar de On. Nos dois hinos a Aton que permaneceram preservados nas inscrições das tumbas e provavelmente foram escritos pelo próprio faraó,

---

[5] Talvez até mesmo a amada esposa de Amenófis, Nefertiti.

ele louva o Sol como criador e mantenedor de toda vida dentro e fora do Egito, com um fervor como só muitos séculos mais tarde encontraremos nos salmos em homenagem ao deus judaico Jeová. Mas ele não se contentou apenas com essa espantosa antecipação do conhecimento científico sobre o efeito da irradiação solar. Não há dúvida de que ele deu um passo adiante ao não adorar o Sol apenas como um objeto material, mas também como o símbolo de um ser divino, cuja energia se manifesta em sua irradiação.[6]

Mas não faremos justiça ao rei se o considerarmos apenas como adepto e fomentador de uma religião de Aton já existente antes dele. Sua atividade foi bem mais abrangente. Ele acrescentou algo novo, e só com isso então a doutrina do deus universal tornou-se um monoteísmo, o momento da exclusividade. Em um de seus hinos ele diz,

---

[6] Breasted, *HISTORY OF EGYPT* (História do Egito) p. 360: "*But however evident the heliopolitan origin of the new state religion might be, it was not merely sun-worship; the word Aton was employed in the place of the old word for "god" (nuter) and the god is clearly distinguished from the material sun*" — "*It is evident that what the king was deifying was the force by which the Sun made itself felt on earth*" (*DAWN OF CONSCIENCE*, p. 279) (O alvorecer da consciência) (Por mais evidente que fosse a origem heliopolitana da nova religião de Estado, não era simplesmente uma adoração ao Sol, a palavra Aton era empregada no lugar da antiga palavra para "deus", e o deus é claramente diferenciado do Sol material. É evidente que aquilo que o rei divinizava era a força pela qual o Sol se fazia sentir na Terra.). É semelhante à opinião sobre uma fórmula em honra do deus mencionada por A. Erman (*DIE ÄGYPTISCHE RELIGION*, 1905) (A religião egípcia): "São... palavras que devem expressar, de forma a mais abstrata possível, que não veneramos o astro em si, mas a essência que se manifesta nele".

diretamente: "Ó Deus único, ao seu lado não há nenhum outro."[7] E não devemos esquecer que, para a validação da nova doutrina, só o conhecimento de seu conteúdo positivo não é o bastante; quase tão importante também é conhecer seu lado negativo, saber o que ela condena. É um engano supor que a nova religião nasceu de uma só vez, pronta e totalmente aparelhada, como Athena nasceu da cabeça de Zeus. Na verdade, tudo nos leva a acreditar que durante o reinado de Amenófis ela se fortaleceu gradualmente na direção de uma maior clareza, mas em consequência disso também de um rigor e uma intolerância cada vez maiores. Provavelmente esse desenvolvimento se realizou sob a influência da intensa oposição que surgiu entre os sacerdotes de Amon, contrários à reforma do rei. No sexto ano do reinado de Amenófis, a animosidade havia crescido tanto que o rei até mudou o seu nome, em parte constituído pelo nome do deus Amon, que fora banido. Em vez de Amenófis ele passou a se chamar Aquenáton.[8] Mas não foi apenas do seu nome que ele extirpou o do deus odiado, mas também de todas as inscrições, e até mesmo dos lugares em que ele aparecia compondo o nome de seu pai Amenófis III. Logo depois da mudança do nome, Aquenáton deixou a Tebas dominada por Amon e construiu rio abaixo uma nova residência, que ele

---

[7] L.c. *HISTORY OF EGYPT*, p. 374.

[8] Mantenho a grafia inglesa do nome (nos outros casos *Akhenaton*). O novo nome do rei tem um significado mais ou menos igual ao do seu anterior "Deus está satisfeito". Veja nosso *Gotthold* (Deus gentil) *e Gottfried* (Deus satisfeito).

chamou de Aquetaton (horizonte de Aton). Hoje, o local de suas ruínas chama-se Tell-el-Amarna.⁹

A perseguição do rei atingiu com mais força o deus Amon, mas não apenas ele. Em todos os lugares do reino os templos foram fechados, os serviços religiosos suspensos, os bens do templo confiscados. Sim, o afã do rei chegou tão longe a ponto dele ordenar uma investigação nos antigos monumentos, para retirar deles a palavra "deus", quando utilizada no plural.¹⁰ Não é de se admirar que essas medidas de Aquenáton tenham produzido um ambiente de vingança fanática entre o sacerdócio oprimido e o povo insatisfeito que, depois da morte do rei, pôde agir livremente. A religião de Aton não se tornou popular, provavelmente permaneceu restrita a um pequeno círculo ao redor da pessoa do rei. Para nós, o período posterior a Aquenáton permanece envolto na obscuridade. Sabemos apenas da existência de alguns sucessores obscuros, de vida breve, membros da sua família. Seu genro Tutancaton foi obrigado a voltar a Tebas e substituir de novo a palavra Aton por Amon, no seu nome. Depois seguiu-se um período de anarquia, até que, em 1350 AC, o general Haremhab* conseguiu restabelecer a ordem. A gloriosa 18ª dinastia se apagou, e ao mesmo tempo suas

---

⁹ Ali foi encontrada em 1887 a correspondência dos reis egípcios com os amigos e vassalos na Ásia, muito importante para a História.

¹⁰ L.c. *HISTORY OF EGYPT*, p. 363.

* Ou Horemheb, foi o último faraó da 18º Dinastia (1305-1292 AC) (N.T.)

conquistas na Núbia e na Ásia se perderam. Nesse nebuloso período intermediário as antigas religiões do Egito foram introduzidas novamente. A religião de Aton foi liquidada, a residência de Aquenáton destruída e saqueada, e sua memória proscrita, como a de um criminoso.

Com um propósito determinado, destacamos alguns pontos característicos da religião de Aton. O primeiro, de que todos os elementos míticos, mágicos e de feitiçaria foram excluídos dela.[11]

O segundo, de que a representação do deus Sol não era mais como em tempos anteriores, uma pequena pirâmide e um falcão, mas, o que quase se pode qualificar como bastante simplório, um disco do qual partem raios que terminam em mãos humanas. Apesar do favorecimento às artes no período de Amarna, não foi encontrada nenhuma outra representação do deus Sol, nem mesmo uma imagem pessoal de Aton — e com certeza podemos dizer que ela nunca será encontrada.[12]

---

[11] Weigall (*THE LIFE AND TIME OF IKHNATON*, 1923, p. 121) (A vida e a época de Aquenáton) diz que Aquenáton não queria saber de um inferno, de cujos horrores todos deveriam se proteger por meio de inúmeras fórmulas mágicas. "*Akhnaton flung all these formulae into the fire. Djins, bogies, spirits, monsters, semigods and Osiris himself with all his court, were swept into the blaze and reduced to ashes.*" (Aquenáton atirou todas essas fórmulas na fogueira. Gênios, espíritos malignos e benignos, monstros, semideuses e o próprio Osiris foram atirados nas chamas e reduzidos a cinzas).

[12] Weigall (l.c) "*Akhnaton did not permit any graven image to be made of the Aton. The true God, said the King, had no form; and he held to this opinion throughout his life.*" (p. 103) (Aquenáton não permitia que fosse representada nenhuma imagem de Aton. O verdadeiro Deus, disse o rei, não tinha forma; e ele manteve essa opinião a vida toda.)

E finalmente, o silêncio total reinou sobre o deus da morte Osíris e o reino dos mortos. Nem os hinos, nem as inscrições tumulares dizem algo a respeito do que talvez estivesse mais próximo do coração dos egípcios. O contraste com a religião do povo não pode ser mais claramente evidenciado do que neste caso.[13]

2.3

Ousamos então apresentar a seguinte conclusão: se Moisés foi um egípcio e transmitiu aos judeus sua própria religião, então foi a religião de Aquenaton, centrada no culto de Aton.

Há pouco comparamos a religião judaica com a religião egípcia do povo, e constatamos a diferença entre as duas. Agora queremos comparar a religião judaica com a religião de Aton, esperando provar a primitiva analogia das duas. Sabemos que não é uma tarefa fácil. Devido à ânsia de vingança dos sacerdotes de Amon, talvez saibamos muito pouco sobre a religião de Aton. Conhecemos a religião mosaica apenas num formato final, do modo como foi estabelecida pelos sacerdotes judeus 800 anos depois, numa época posterior ao exílio. Se, apesar dessa desvantagem quanto ao material, encontrarmos

---

[13] Erman I.c. p. 70: "Não se deveria ouvir mais nada sobre Osíris e seu reino". Breasted.D.OFC. p. 291: *"Osiris is completely ignored. He is never mentioned in any record of Ikhnaton or in any of the tombs at Amarna"* (Osíris é totalmente ignorado. Ele nunca foi mencionado em qualquer registro de Aquenáton ou em qualquer tumba de Amarna.)

alguns indícios avulsos que pudermos considerar úteis, certamente nós os valorizaremos.

Para provar a nossa tese de que a religião mosaica nada é além daquela de Aton, existe um caminho mais curto, que passa por uma declaração. Porém temo ouvir que esse caminho não é viável. Sabidamente a profissão de fé judaica diz o seguinte: *"Schema Jisroel Adonai Elohenu Adonai Echod."* Não deve ser só por acaso que o nome do deus egípcio Aton (ou Atum) tem um som semelhante à palavra hebraica Adonai, e também semelhante ao nome do deus sírio Adonis; talvez isso ocorra devido à primitiva comunhão linguística e de sentido, então podemos traduzir aquela fórmula judaica como: "Ouça, Israel, nosso deus Aton (Adonai) é um deus único". Infelizmente sou totalmente incompetente para responder a essa pergunta, e também encontrei pouca coisa sobre isso na literatura.[14] Mas não devemos desistir facilmente. Além disso, vamos ter de voltar mais uma vez às questões relativas ao nome de Deus.

Tanto as semelhanças quanto as diferenças entre as duas religiões são facilmente detectáveis, mas sem nos proporcionar muitos esclarecimentos. Ambas são formas de monoteísmo muito rígidas, e desde o início nos sentiremos tentados a nos referir

---

[14] Só alguns trechos em Weigall (l.c.): "O deus Atum, que designou Ra como o Sol poente, talvez tivesse tido a mesma origem que o Aton geralmente venerado no norte da Síria, e por isso uma rainha estrangeira, assim como seus súditos, deve ter se sentido mais tentada a ir para Heliópolis do que para Tebas." (p. 12 e p. 19)

sempre a essa característica básica, ao que é comum a elas. Em alguns pontos o monoteísmo judaico comporta-se com maior rigor do que o egípcio, por exemplo, quando ele proíbe totalmente as representações pictóricas. A principal diferença aparece — excetuando o nome de Deus — no fato de que a religião judaica se afasta totalmente da veneração ao Sol, na qual a religião egípcia ainda se apoiava. Na comparação com a religião egípcia do povo tivemos a impressão de que, além das oposições dos princípios, poderia haver a implicação de um momento de contradição proposital na diferença entre as duas religiões. Agora essa impressão até parece confirmar-se quando, na comparação, substituímos a religião judaica pela de Aton que, como sabemos, Aquenatón desenvolveu num antagonismo proposital contra a religião do povo. Ficamos surpresos, com razão, ao sabermos que a religião judaica não tinha nenhum interesse no além e na vida após a morte, pois uma doutrina desse tipo até seria compatível com o mais rígido monoteísmo. Essa surpresa desaparece quando passamos da religião judaica à de Aton e percebemos que essa rejeição partiu dela, pois para Aquenáton ela era uma necessidade no combate à religião do povo, na qual o deus da morte, Osiris, talvez tivesse tido um papel maior do que qualquer outro deus do mundo superior. Nesse ponto tão importante, a coincidência da religião judaica com a religião de Aton é um forte argumento em favor da nossa tese. Logo saberemos que não é o único.

Moisés não deu aos judeus apenas uma nova religião: com a mesma certeza podemos afirmar também que ele introduziu o costume da circuncisão. Esse fato tem um significado decisivo para o nosso dilema, e quase nunca foi considerado. O relato bíblico contesta-o várias vezes; por um lado ele situa o costume da circuncisão num passado bem remoto, nos tempos do patriarcado, como um sinal da aliança entre Deus e Abraão, e por outro ele afirma, num trecho especialmente obscuro, que Deus se zangou com Moisés porque ele negligenciou o costume sagrado. Por causa disso Deus o mataria, porém a esposa de Moisés, uma midianita,* salvou da ira divina o homem ameaçado, ao realizar a operação rapidamente. Mas essas histórias dúbias que não devem nos confundir; mais tarde conseguiremos ter uma visão mais clara de seus motivos. O que permanece é que existe uma única resposta à pergunta de como o costume da circuncisão chegou aos judeus: ele veio do Egito. Heródoto, o "pai da História", conta-nos que o costume da circuncisão existia no Egito há muito tempo, e suas informações foram confirmadas nas múmias e também por representações nas paredes das tumbas. Pelo que sabemos, nenhum outro povo do Mediterrâneo oriental tinha esse costume; consideramos como

---

* Segundo o Antigo Testamento, os midianitas são os descendentes de Abraão e sua esposa Quetura, desposada após a morte de Sara. Um desses filhos chamava-se Midiã, por isso a tribo que formaram numa terra distante passou a ser conhecida como a tribo dos midianitas. (N.T.)

certo que os semitas, babilônios e sumérios não eram circuncidados. No caso dos moradores de Canaã, a própria história bíblica nos confirma isso; é o pressuposto para o fim da aventura da filha de Jacó com o príncipe de Sichen.[15]* Devemos afastar como insustentável a possibilidade de que os judeus residentes no Egito tivessem assimilado o costume da circuncisão por outro caminho além daquele da religião transmitida por Moisés. Então, vamos concordar que a circuncisão, como um costume popular amplamente aceito, já era realizada no Egito e, por um instante, vamos acrescentar a suposição habitual de que Moisés era um judeu, que queria libertar seus conterrâneos da escravidão egípcia e conduzi-los ao desenvolvimento de uma existência nacional independente e autoconsciente fora do país — como de fato aconteceu. Então qual seria o sentido de lhes impor, ao mesmo tempo,

---

[15] Quando lidamos com a tradição bíblica de forma tão radical e parcial, confirmando apenas o que nos serve e criticando levianamente o que nos contradiz, sabemos muito bem que com isso nos expomos a uma crítica metódica e séria, e enfraquecemos a força de comprovação de nossas informações. Mas é a única forma de tratarmos um material do qual sabemos com certeza que sua credibilidade foi muito prejudicada pela influência de tendências deturpadoras. Esperamos poder nos justificar posteriormente, até certo ponto, quando encontrarmos as pistas daqueles motivos secretos. Não se pode chegar a uma certeza absoluta, e além disso, podemos afirmar que todos os outros autores também agiram desse modo.

* Sichen (ou Shechem) foi uma cidade canaanita mencionada nas cartas de Amarna e também na Bíblia hebraica como a primeira capital do reino de Israel. Dois filhos de Jacó, Simeão e Levi, vingaram-se do príncipe de Shechem, filho de Hamor, por ele ter raptado a irmã deles, Dinah. (N.T.)

um costume tão penoso, que de certo modo os tornava egípcios também, mantendo sempre viva a lembrança que eles tinham do Egito, enquanto a sua luta deveria ser no sentido contrário, isto é, de afastar o povo do país da servidão e fazer com que superasse essa saudade dos "caldeirões de carne"* daquele lugar? Não, o fato do qual partimos e a suposição que acrescentamos a ele são tão incompatíveis, que encontramos coragem para chegar à seguinte conclusão: se Moisés não deu aos judeus apenas uma nova religião mas também o mandamento da circuncisão, então ele não era judeu, porém egípcio, e provavelmente a religião mosaica era uma religião egípcia e, devido ao contraste com a religião do povo, era a religião de Aton, com a qual a posterior religião judaica coincide em alguns pontos significativos.

Notamos que nossa suposição de que Moisés não era judeu e sim egípcio, cria um novo enigma. A conduta que nos judeus parecia facilmente compreensível, torna-se incompreensível no egípcio. Mas quando transportamos Moisés ao tempo de Aquenáton e o colocamos em contato com esse faraó, então o enigma desaparece, e abre-se a

---

* Ao atravessarem o mar, os judeus celebraram sua salvação milagrosa e mudaram-se para as profundezas do deserto. Caminharam por muito tempo, a comida que haviam trazido do Egito acabou, e o povo começou a murmurar, dizendo a Moisés e Arão: "Ah, se tivéssemos morrido pela mão do Senhor na terra do Egito, quando nos sentávamos junto aos caldeirões de carne, quando comíamos o nosso pão! Pois você nos trouxe a este deserto para nos matar de fome!" (N.T.)

possibilidade de uma motivação que responde a todas as nossas perguntas.

Vamos partir do pressuposto de que Moisés era um nobre de posição elevada, talvez de fato um membro da casa real, como afirma a lenda a seu respeito. Certamente ele tinha consciência de suas grandes capacidades, era ambicioso e determinado, e talvez ele mesmo tivesse uma vaga ideia do seu objetivo de um dia conduzir o povo e dominar o império. Próximo do faraó, ele era um adepto convicto da nova religião, cuja doutrina básica ele adotara para si. Com a morte do rei e o surgimento da reação, ele viu todas as suas esperanças e perspectivas destruídas. Perdeu a sua pátria, pois não quis abjurar as convicções que lhe eram tão caras. O Egito não tinha mais nada a lhe oferecer. Nessa situação angustiante ele encontrou uma saída incomum. O sonhador Aquenáton havia se afastado do seu povo e deixara seu império mundial fragmentar-se. A natureza enérgica de Moisés levou-o a planejar a fundação de um novo império e encontrar um novo povo, a quem ele poderia doar a religião rejeitada pelos egípcios. Reconhecemos que foi uma tentativa heroica de contestar o destino e compensar, em duas direções, as perdas causadas a ele pela catástrofe de Aquenáton.

Talvez na época ele fosse governador daquela província de fronteira (Gósen*) em que (ainda no

---

* A terra de Gósen é citada na Bíblia como o lugar no Egito dado aos hebreus pelo faraó de José, e de onde, mais tarde, eles saíram por ocasião do Êxodo. Situava-se no Delta Oriental. (N.T.)

tempo dos hicsos?) determinadas tribos semitas haviam se instalado. Escolheu-as para serem seu novo povo. Uma decisão histórica, universal.[16] Ele entrou em acordo com eles, colocou-se à sua frente, e com "mão forte" providenciou a sua emigração. Em total oposição à tradição bíblica, deveríamos supor que esse êxodo ocorreu em paz e sem perseguições. A autoridade de Moisés possibilitou isso, e na época não existia um poder central que poderia tê-lo impedido.

De acordo com a nossa concepção, o êxodo do Egito deve ter ocorrido no período entre 1358 e 1350 AC, isto é, depois da morte de Aquenáton e antes da implantação da autoridade estatal por Haremhab.[17] O destino da migração só poderia ser a terra de Canaã. Depois da desintegração do governo egípcio, o lugar foi invadido, conquistado e saqueado por bandos de guerreiros aramaicos, que assim indicaram onde um povo poderia encontrar novas terras. Soubemos desses guerreiros por meio

---

[16] Se Moisés foi um alto funcionário, isso facilita a nossa compreensão do papel de líder que ele assumiu junto aos judeus; se foi um sacerdote, então é mais provável que apareça como o fundador de uma religião. Em ambos os casos ele teria dado uma continuidade à sua profissão do momento. Um príncipe da casa real poderia facilmente ser as duas coisas, governador e sacerdote. Na narrativa de Flavius Josephus (Antiq. Jud.), que adota a lenda do abandono da criança mas parece conhecer outras tradições além da bíblica, Moisés realizou uma campanha vitoriosa na Etiópia, quando era um general egípcio.

[17] Provavelmente seria um século antes do que supõe a maioria dos historiadores, que o situam na 19ª dinastia, sob Merneptah. Talvez um pouco mais tarde, pois o texto histórico oficial parece ter acrescentado o interregno do período de reinado de Haremhab.

de cartas que foram encontradas em 1887 nos arquivos das ruínas da cidade de Amarna. Lá eles eram chamados de Habiru, e esse nome foi transmitido, não se sabe como, aos intrusos judeus que vieram depois — os hebreus — que não podem ser os mesmos citados nas cartas de Amarna. Ao sul da Palestina — em Canaã — viviam também aquelas tribos constituídas pelos parentes mais próximos dos judeus que então emigravam do Egito.

A motivação que imaginamos para a totalidade do êxodo também abrange a introdução da circuncisão. Sabemos de que modo as pessoas, os povos e os indivíduos comportam-se em relação a esse costume tão antigo, que não é mais compreendido atualmente. Aqueles que não o praticam sempre sentem um pouco de repulsa por ele, mas os outros, que o adotam, até se orgulham dele. Sentem-se superiores, de certo modo enobrecidos, e olham com desdém para os outros abaixo deles, considerando-os impuros. Ainda hoje o turco xinga o cristão de "cão incircunciso". Acredita-se que Moisés, que como egípcio já era circuncidado, compartilhasse dessa opinião. Os judeus que partiram com eles da sua pátria deveriam ser os substitutos dos egípcios que ele deixara para trás, no seu país, e até melhores do que eles. Em nenhum caso deveriam ficar atrás deles. Quis torná-los um "povo sagrado", como foi mencionado expressamente no texto bíblico e, como sinal dessa consagração, também introduziu esse costume da circuncisão, que pelo menos os colocava em pé de igualdade com os egípcios. Ele também via com bons olhos que esse sinal os manteria isolados, impedindo-os de se misturarem com povos estrangeiros, aos quais a migração deveria conduzi-los, semelhante ao modo como os próprios egípcios costumavam se manter afastados de todos os estrangeiros.[18]

Porém mais tarde a tradição judaica comportou-se como se fosse pressionada pela conclusão que desenvolvemos aqui antes. Quando admitimos que a circuncisão era um costume egípcio que Moisés introduziu entre os judeus, isso foi quase um reconhecimento de que a religião que Moisés transmitiu a eles também era egípcia. Mas havia bons motivos para negar esse fato; por isso, também tivemos de contradizer as circunstâncias referentes à circuncisão.

---

[18] Heródoto, que visitou o Egito em cerca de 450AC, descreve em seu relato de viagem uma característica do povo egípcio, que revela uma espantosa semelhança com conhecidas características do judaísmo posterior: "No geral, em todos os aspectos os egípcios são mais devotos do que as outras pessoas das quais se mantém separados, devido a algumas diferenças em seus costumes. Por exemplo, a circuncisão, que eles introduziram primeiro por motivos de higiene; depois, a aversão que sentiam dos porcos, que certamente tem a ver pelo fato de Set, sob a forma de um porco negro, ter ferido Horus; e finalmente e principalmente o respeito às vacas, que eles jamais comeriam ou sacrificariam, pois com isso ofenderiam a deusa Isis, que possui chifres de vaca. Por isso, nenhum egípcio ou egípcia beijaria um grego, ou usaria sua faca, seu espeto ou seu caldeirão, nem jamais comeria carne de um boi (além disso) puro, que fosse cortado com uma faca grega. Eles olhavam com muita altivez e preconceito para os outros povos, que eram impuros e não estavam tão próximos aos deuses quanto eles." (Segundo Erman, *DIE ÄGYPTISCHE RELIGION*, (A religião egípcia) p. 181, ff). Naturalmente não queremos esquecer os paralelos, como nos ensinamentos do povo hindu. Aliás, quem sugeriu ao poeta judeu H.Heine, no século XIX, que denunciasse sua religião como "aquela praga transportada do vale do Nilo, a antiga e insalubre crença egípcia?"

2.4

Nesse ponto, até já espero a crítica de que a minha concepção — que transporta Moisés, o egípcio, ao tempo de Aquenáton, sua decisão de adotar o povo judeu, de afastá-lo das condições políticas do país na época, de reconhecer a religião que ele doa ou transfere aos seus protegidos como sendo a religião de Aton, que no próprio Egito havia se desintegrado — portanto, a crítica de que eu apresentei esse conjunto de hipóteses com uma certeza excessiva, sem uma fundamentação correspondente no material. Mas penso que essa acusação é injusta. Já enfatizei o momento da dúvida na introdução, colocando-o entre parênteses, e poupei-me do trabalho de repeti-lo a cada retomada do tema.

Algumas de minhas próprias observações críticas podem dar continuidade a essa discussão. O cerne de nossa apresentação, o monoteísmo judaico como proveniente do episódio monoteísta na história do Egito, foi imaginado e mencionado por diversos autores. Quero poupar meus esforços de reproduzir aqui de novo todas essas vozes, pois nenhuma delas saberá me dizer por quais caminhos essa influência pode ter ocorrido. Mesmo que para nós ela tenha permanecido vinculada à pessoa de Moisés, devemos levar em conta a existência de outras possibilidades além daquela priorizada por nós. Não se deve supor que a queda da religião oficial de Aton tenha acabado totalmente com a corrente monoteísta do Egito. A escola de sacerdotes em *On*, onde ela se originou, superou essa catástrofe, e mesmo depois de muitas gerações após Aquenáton, ela prosseguiu ligada ao encanto de sua corrente de pensamentos. Assim a façanha de Moisés é possível, mesmo que ele não tenha vivido na época de Aquenáton e não tenha recebido a sua influência pessoal, mas apenas sendo adepto ou até membro da escola de On. Essa possibilidade deslocaria a data da ocorrência do êxodo antecipando-a e aproximando-a daquela geralmente aceita (no 13º século); mas não há nada além disso que o indicaria. A conjectura a respeito dos motivos de Moisés se perderia, e a maior viabilização do êxodo produzida pela condição de anarquia reinante no país deixaria de existir. Os reis seguintes, da 19ª dinastia, realizaram um governo bem mais forte. Todas as condições favoráveis externas e internas para o êxodo estiveram presentes apenas no momento imediatamente após a morte do rei herege.

Os judeus possuem uma abundante literatura extrabíblica, na qual encontramos as lendas e mitos que, ao longo dos séculos, desenvolveram-se ao redor da grandiosa figura do primeiro líder e fundador religioso, mas que ao mesmo tempo a transfiguraram e obscureceram. Em todo esse material podem ter sido dispersadas partes de uma boa tradição, que não encontraram espaço nos cinco livros da Bíblia. Uma dessas lendas descreve, de forma até agradável, como a ambição do homem Moisés já se manifestava em sua infância. Quando, certa vez, o faraó o tomou em seus braços e o ergueu, brincando, o menino de três anos de idade arrancou a coroa de sua cabeça e a colocou na sua própria. Diante desse prenúncio o rei se assustou, e não tardou em perguntar aos seus sábios qual seria o significado disso.[19] Outra lenda relata que ele realizou feitos bélicos vitoriosos quando era um general egípcio na Etiópia, e que, na sequência, ele fugiu do Egito temendo a inveja de um rival da corte ou do próprio faraó. A própria descrição bíblica atribui a Moisés algumas características que até merecem a nossa credibilidade. Ela o descreve como raivoso, levemente impetuoso, como quando, na sua indignação, ele ataca o brutal capataz que maltrata um trabalhador judeu, e também quando, ao decepcionar-se com a apostasia do povo, ele destrói as tábuas dos mandamentos que fora buscar na montanha de Deus. No final o próprio Deus castigou-o por causa de um ato de impaciência, mas não é dito qual ato seria. Como uma característica desse tipo não serve à glorificação de uma pessoa, ela pode muito bem corresponder à verdade histórica. Também não podemos afastar a possibilidade de que alguns traços de caráter que os judeus introduziram na antiga imagem de seu Deus, ao considerá-lo fervoroso, rigoroso e implacável, basicamente foram extraídos da lembrança de Moisés, pois quem os conduziu para fora do Egito na verdade não foi um deus invisível, e sim o ser humano Moisés.

---

[19] A mesma anedota com uma leve alteração é mencionada por Josephus.

Outra característica atribuída a ele tem uma relação especial com o nosso interesse. Moisés parece ter tido uma "fala difícil", portanto, sofria de uma inibição ou um defeito na fala, o que o obrigava a depender da ajuda de Aaron, identificado como seu irmão, nas supostas negociações com o faraó. Isso deve ter sido também uma verdade histórica, e seria uma contribuição desejável para dar uma alma à fisionomia do grande homem. Numa leve alteração do fato, o relato pode lembrar que Moisés talvez fosse um estrangeiro que falasse outra língua, e não conseguia relacionar-se com seus neo-egípcios semitas sem um intérprete, pelo menos não no início de suas relações. Portanto, uma nova confirmação da tese: Moisés era um egípcio.

Entretanto, parece-nos que nosso trabalho chegou a um final provisório. Por hora não podemos deduzir mais nada a partir da nossa hipótese de que Moisés era um egípcio, quer ela tenha sido provada ou não. O relato bíblico sobre Moisés e o êxodo não pode ser considerado, por nenhum historiador, como outra coisa senão uma narrativa de fé, que uma tradição remota reconstruiu a serviço de seus próprios fins. Não sabemos o que a tradição dizia originalmente, gostaríamos muito de saber quais eram essas tendências que produziram as alterações, mas devido ao desconhecimento dos processos históricos continuamos no escuro. Se a nossa reconstrução não tem espaço para essas preciosidades da narrativa bíblica, como as dez pragas, a travessia do mar de sargaços, a solene entrega dos mandamentos no monte Sinai, esse contraste com a Bíblia não deve nos confundir. Mas não podemos ficar indiferentes quando nos sentimos em contradição com os resultados das sóbrias pesquisas históricas de nossos dias.

Esses novos historiadores, cujo representante reconhecemos como sendo Ed. Meyer[20] apoiam-se no relato bíblico num ponto decisivo. Eles também acham que as tribos judaicas, que posteriormente deram origem ao povo de Israel, num determinado momento adotaram uma nova religião. Mas esse fato não ocorreu no Egito, nem no sopé de uma montanha na península do Sinai, porém num lugarejo chamado de Meribat-Cades, um oásis rico em fontes e poços, na faixa de terra ao sul da Palestina, entre a saída oriental da península do Sinai e a borda ocidental da Arábia. Ali eles passaram a venerar um deus chamado Jeová (ou Jahve) provavelmente da tribo árabe dos midianitas residentes na vizinhança. Supostamente outras tribos vizinhas também eram adeptas desse deus.

Certamente Jeová era um deus vulcânico. Mas sabidamente o Egito não tem vulcões, e as montanhas da península do Sinai também nunca foram vulcânicas; por outro lado, há vulcões que estariam ativos até tempos mais recentes ao longo da borda ocidental da Arábia. Uma dessas montanhas deve ter sido o Sinai-Horeb, considerada a habitação de

---

[20] Ed. Meyer. *DIE ISRAELITEN UND IHRE NACHBARSTÄMME*, (Os israelitas e suas tribos vizinhas) 1906.

Jeová.²¹ Apesar de todas as alterações que o relato bíblico sofreu, o retrato original do caráter do deus, segundo Ed. Meyer, pôde ser reconstruído: ele é um demônio sinistro e sanguinário, que vaga pela noite e teme a luz do dia.²²

Na fundação da religião, o mediador entre Deus e o povo é chamado de Moisés. Ele é genro do sacerdote midianita Jetro, e cuidava dos seus rebanhos quando recebeu o chamado divino. Em Cades ele também recebe a visita de Jetro, que lhe dá recomendações. Ed. Meyer diz que nunca teve dúvidas de que a história da estadia no Egito e da catástrofe dos egípcios contivesse algum cerne histórico,²³ mas provavelmente não sabe como situar e aproveitar esse fato. Ele está disposto a considerar originário do Egito apenas o costume da circuncisão. E também enriquece nossa argumentação anterior por meio de duas importantes indicações. Primeiro, a de que Josué convoca o povo a aderir à circuncisão "para se livrarem do desdém dos egípcios", e depois também a citação de Heródoto, segundo a qual os próprios fenícios (provavelmente os judeus) e os sírios na Palestina reconhecem que aprenderam com os egípcios a realizar circuncisão.²⁴ Mas ele não tem muito a dizer sobre um Moisés egípcio.

---

[21] Em alguns trechos do texto bíblico ainda permanece a afirmação de que Jeová desceu do Sinai e foi para Meribat-Cades.
[22] I.c. p. 38, 58.
[23] I.c. p. 49.
[24] I.c. p. 449.

O Moisés que conhecemos é o antepassado dos sacerdotes de Cades, portanto uma figura da lenda genealógica relacionada ao culto, e não uma personalidade histórica. E também, nenhum daqueles (além dos que consideram a tradição literalmente como verdade histórica) que o tratam como uma figura histórica soube preenchê-lo com algum tipo de conteúdo, apresentá-lo como uma individualidade concreta, citar algo que ele tivesse realizado, e nem qual teria sido sua obra histórica.[25]

Por outro lado ele não se cansa de enfatizar a relação de Moisés com Cades e Midian. "A figura de Moisés que é estreitamente ligada a Midian e aos locais de culto no deserto."[26] Essa figura de Moisés está inseparavelmente ligada a Cades (Massa e Meriba); o parentesco com os sacerdotes midianitas complementa isso. Por outro lado, a ligação com o Êxodo e, além disso, toda a história da juventude de Moisés, são bastante secundárias, e simplesmente a consequência da sua inserção numa sequência lendária coesa.[27]

O autor também indica que posteriormente os motivos contidos na história da juventude de Moisés são, quase todos, deixados de lado.

Moisés em Midian não é mais um egípcio e neto do faraó, mas um pastor a quem Jeová se manifesta. Nas narrativas sobre as pragas não se fala mais dos antigos relacionamentos,

---

[25] I.c. p. 451.
[26] I.c. p. 49.
[27] L.c. p. 451.

por mais fácil que pudesse ter sido a sua utilização, e a ordem de matar os meninos israelitas foi totalmente esquecida. No êxodo e no declínio dos egípcios Moisés não representa nenhum papel importante, ele nem ao menos é mencionado. O caráter heroico que a lenda sobre a infância pressupõe é totalmente omitido no Moisés adulto; ele é apenas o homem de Deus, um milagreiro, dotado de poderes sobrenaturais por Jeová.[28]

Não podemos deixar de ter a impressão de que esse Moisés de Cades e Midian, a quem a própria tradição pôde atribuir a criação de uma serpente de bronze como divindade da cura, é bem diferente daquele majestoso egípcio imaginado por nós, que ofereceu ao povo uma religião na qual toda magia e toda feitiçaria eram rigorosamente proibidas. A diferença entre nosso Moisés egípcio e o Moisés midianita talvez não seja menor do que aquela entre o deus universal Aton e o demônio Jeová, que habita a montanha dos deuses. E se dermos algum crédito às informações dos historiadores mais recentes, devemos confessar que o fio da meada, que pretendemos desenrolar a partir da suposição de que Moisés teria sido um egípcio, rompeu-se pela segunda vez. E desta vez, como parece, sem nenhuma esperança de reatamento.

---

[28] I.c. p. 47.

2.5

Inesperadamente vislumbramos aqui também uma saída. Os esforços para reconhecer em Moisés uma figura que supera o sacerdote de Cades, e a maravilhosa confirmação da tradição que o enaltece, não arrefacem, mesmo depois de Ed. Meyer (Gressmann, e.o)*. No ano de 1922, Ed. Sellin* fez uma descoberta que exerceu uma influência decisiva em nosso problema.[29] Ele encontrou, no profeta Oséas (segunda metade do século VIII), os sinais evidentes de uma tradição em cujo conteúdo há a história do fundador de uma religião, chamado Moisés, que teve um fim violento num levante de seu povo obstinado e intolerante. Ao mesmo tempo, a religião introduzida por ele foi descartada. Mas essa tradição não está restrita a Oséas; ela retorna na maioria dos profetas posteriores, e de acordo com Sellin, tornou-se a base de todas as expectativas messiânicas posteriores. No final do exílio babilônico desenvolveu-se, no povo judeu, a esperança de que aquele homem tão vergonhosamente assassinado voltaria do reino dos

---

* Hugo Gressmann (1877-1927) foi um escritor alemão, protestante, estudioso do Antigo Testamento. (N.T.)

* Ernst Sellin (1867-1946) teólogo protestante alemão, estudioso do Antigo Testamento, e pioneiro na aplicação da arqueologia nas ciências bíblicas. (N.T.)

[29] Ed.Sellin, *MOSE UND SEINE BEDEUTUNG FÜR DIE ISRAELITISCH-JÜDISCHE RELIGIONSGESCHICHTE*, 1922 (Moisés e seu significado para a história da religião israelita-judaica).

mortos, e conduziria seu povo arrependido — e talvez não apenas ele — ao reino de uma felicidade eterna. Porém não nos diz respeito aqui a evidente relação com o destino de um fundador de uma religião posterior.

Naturalmente não estou em condições de determinar se Sellin interpretou corretamente os textos proféticos. Mas se ele tiver razão, então devemos atribuir uma credibilidade histórica à tradição que ele identificou, pois essas coisas não são fáceis de inventar. Falta um motivo palpável para isso; mas se de fato elas ocorreram, entende-se facilmente que queiramos esquecê-las. Não precisamos aceitar todas as particularidades da tradição. Sellin acredita que Schittim,* na Jordania oriental, é considerada o cenário do ato de violência contra Moisés. Logo veremos que esse local é inaceitável para nossas reflexões.

Emprestamos de Sellin a suposição de que o Moisés egípcio foi assassinado pelos judeus, e que a religião introduzida por ele foi abandonada. Essa hipótese nos permite continuar desenrolando os fios da nossa meada, sem contradizer os resultados fidedignos da pesquisa histórica. Porém no mais, ousamos nos manter independentes dos autores, "seguir a nossa própria pista" de forma autônoma. O êxodo do Egito continua sendo nosso ponto de

---

* Schittim, ou Abel-Schittim, é um local mencionado no Antigo Testamento. Sua localização é incerta, mas supostamente ficava próximo a Jericó. Os israelitas descansaram ali durante o Êxodo, e foram castigados por Deus, por venerarem os deuses locais e se deitarem com as filhas dos moabitas residentes. (N.T.)

partida. O número de pessoas que deixou o país com Moisés deve ter sido considerável; um número pequeno não valeria o esforço para aquele homem ambicioso, com metas grandiosas. Provavelmente os imigrantes haviam permanecido naquelas terras o tempo suficiente para que esse número considerável de pessoas se reunisse ali. Mas certamente não estaremos errando se concordarmos com a suposição da maioria dos autores, de que só uma parte do futuro povo judeu vivenciou esse destino no Egito. Em outras palavras, a tribo que retornou do Egito reuniu-se mais tarde a outras tribos locais aparentadas, que há muito tempo já haviam se estabelecido no local, a faixa de terra entre o Egito e Canaã. A expressão dessa união, que deu origem ao povo de Israel, foi a adoção de uma nova religião comum a todas as tribos, ou seja, a de Jeová, num evento que, segundo Ed. Meyer, ocorreu em *Cades* sob a influência midianita. Com isso, o povo sentiu-se forte o bastante para invadir as terras de Canaã. Nesse desenrolar dos acontecimentos, não é coerente que a catástrofe de Moisés e sua religião tenha ocorrido na Jordania oriental — ela deve ter acontecido bem antes dessa união.

É certo que elementos bem distintos contribuíram para a formação do povo judeu, mas o fato desses judeus terem vivido ou não a experiência de morar no Egito e o que se seguiu a ela, deve ter feito a maior diferença. Em consideração a esse ponto, podemos dizer que a nação foi criada a partir da união de duas partes, que, depois de um breve período de unidade política, rompeu-se novamente em duas, o reino de Israel e o reino de Judá. A história ama esse tipo de reconstrução, na qual fusões posteriores são anuladas e antigas separações surgem novamente. O exemplo mais impressionante que se conhece é a Reforma, que trouxe à tona novamente, depois de um intervalo de mais de um milênio, a linha divisória entre a Germânia, que era romana, e a Germânia que permanecera independente. No caso do povo judeu não poderíamos comprovar uma reprodução tão fiel das antigas circunstâncias, pois o nosso conhecimento sobre aqueles tempos é precário demais para afirmarmos que no reino do Norte se encontravam os antigos residentes, e no reino do Sul os que retornaram do Egito, e que a ruptura posterior não pode, neste caso também, ter ocorrido sem uma relação com a antiga união. Provavelmente como povo, os antigos egípcios eram em menor número do que os outros, mas mostravam-se culturalmente mais fortes; exerciam uma influência mais poderosa sobre o desenvolvimento posterior do povo, porque eram portadores de uma tradição que faltava aos outros.

Talvez trouxessem outra coisa também, mais palpável do que uma tradição. Um dos maiores enigmas da pré-história judaica é a origem dos levitas. Eles provêm de uma das doze tribos de Israel, da tribo Levi, mas nenhuma tradição conseguiu informar a localização original dessa tribo, ou que parte da terra conquistada de Canaã foi atribuída a ela. Eles ocupavam os mais importantes cargos sacerdotais, mesmo assim são diferenciados dos sacerdotes; um levita não é necessariamente um sacerdote, e "levita" também não se refere a nome de uma casta. Nossa suposição sobre a pessoa de Moisés nos sugere uma explicação. Não se pode acreditar que um grande senhor como o egípcio Moisés caminhasse desacompanhado ao lado de um povo que lhe era desconhecido. Certamente ele levava consigo todo o seu séquito, seus adeptos mais próximos, seus escribas, sua criadagem, que originalmente eram os levitas. A afirmação da tradição, de que Moisés era um levita, parece-nos uma evidente deturpação dos fatos. Os levitas eram a gente de Moisés. Essa solução foi sustentada pelo fato já mencionado em meu relato anterior, de que mais tarde apenas entre os levitas ainda surgem nomes egípcios.[30] É de se supor que um grande número dessa gente sobreviveu à catástrofe que atingiu Moisés e a fundação de sua religião. Nas gerações seguintes eles se multiplicaram, fundiram-se com o povo com o qual viviam, mas permaneceram fiéis ao seu senhor, preservaram a sua memória e cultivaram a tradição de seus ensinamentos. Na época da união com os adeptos de Jeová eles formaram uma minoria influente, culturalmente superior aos outros.

---

[30] Essa suposição combina bem com os dados de Yahuda a respeito da influência egípcia sobre as escritas antigas judaicas. Veja: A. S. Yahuda, *DIE SPRACHE DES PENTATEUCH IN IHREN BEZIEHUNGEN ZUM ÄGYPTISCHEN, 1929* (A linguagem do Pentateuco em suas relações com o egípcio).

Suponho, provisoriamente, que entre o declínio de Moisés e a fundação da religião em *Cades* transcorreram duas gerações, talvez até mesmo um século. Não vejo nenhum caminho que me permita decidir se os neo egípcios, (que é como quero chamá-los aqui para diferenciá-los), portanto os emigrantes, encontraram-se com seus parentes das tribos depois que estes últimos já haviam adotado a religião de Jeová, ou antes. Podemos considerar essa última hipótese como a mais provável. Isso não faz diferença para o resultado final. O que ocorreu em *Cades* foi um compromisso, no qual a participação das tribos de Moisés é evidente.

Por outro lado, podemos nos referir aqui novamente à prova da circuncisão, que repetidamente, como um fio condutor, por assim dizer, prestou-nos os mais importantes serviços. Esse costume tornou-se também um mandamento na religião de Jeová, e como estava indissoluvelmente ligado ao Egito, a sua aceitação deve ter sido apenas uma concessão à gente de Moisés, — ou aos levitas entre ela — que não queriam renunciar a esse sinal de sua sacralidade. É o que eles queriam salvar de sua antiga religião, e para isso estavam dispostos a aceitar a nova divindade e o que os sacerdotes midianitas falavam dela. É possível que tenham introduzido outras concessões. Já mencionamos que o ritual judaico prescrevia certas restrições na utilização do nome de Deus. Em vez de Jeová deviam dizer *Adonai*. É natural trazermos essa regra ao nosso contexto, mas é uma suposição sem qualquer sustentação. Reconhecidamente a proibição do nome de Deus é um tabu antiquíssimo. Não sabemos por que ele foi recuperado justamente na legislação judaica; não se exclui o fato de que isso tenha ocorrido sob a influência de um novo motivo. Não precisamos acreditar que a proibição foi cumprida à risca; na formação de nomes teóforos,* portanto, compostos do nome do deus Jeová, (Jochanan, Jehu, Josua) estava liberada. Mas quanto a esse nome, havia uma condição especial. Sabe-se que a pesquisa crítica da Bíblia adota como fontes dois textos do *Hexateuco*. Eles são definidos como J e como E, porque um utiliza o nome do deus Jeová, o outro do deus *Elohim*. Ou seja, *Elohim* mesmo, e não *Adonai*, mas devemos lembrar a observação de um de nossos autores: "Os diversos nomes são um claro sinal de deuses originalmente diversos."[31]

Admitimos que a circuncisão continuasse valendo como prova de que, na fundação da religião em Cades, ocorreu um compromisso. Extraímos o conteúdo deste último dos relatos coincidentes de J e E, que remontam a uma fonte comum (registro escrito ou tradição oral). A tendência predominante era provar a grandeza e o poder do novo deus Jeová. Como os adeptos de Moisés deram um elevado valor à experiência do êxodo do Egito, quiseram atribuir a Jeová os méritos por esse ato de libertação: então ornamentaram o evento com

---

* Ver a nota à página 28 do capítulo 1. (N.T.)
[31] Gressmann, l.c. p. 54.

a assustadora grandiosidade desse deus vulcânico, manifestada pela coluna de fumaça, que à noite se transformava numa coluna de fogo, e com a tempestade, que abriu o mar por algum tempo, permitindo a passagem dos emigrantes, mas afogando os perseguidores sob as massas de água que retornavam, fechando-o de novo. Com isso a data do Êxodo e a da fundação da religião foram aproximadas uma da outra, negando a hipótese de um longo intervalo entre as duas. Inclusive a entrega das leis não aconteceu em Cades, mas no sopé da montanha de Deus, sob os sinais de uma erupção vulcânica. Porém nessa descrição cometeu-se uma grave injustiça contra a memória de Moisés. Foi ele, e não o deus Vulcão, que libertou o povo do Egito. Com isso devia-se a Moisés uma reparação, e esta foi encontrada transferindo-o a Cades ou ao *Sinai-Horeb* e colocando-o no lugar dos sacerdotes midianitas. Mais tarde explicaremos que, por meio dessa solução, foi satisfeita uma segunda tendência, impreterível e urgente. Desse modo produziram uma compensação; permitiu-se que Jeová, que habitaria uma montanha em Midian, tivesse a sua veneração estendida até o Egito, e por outro lado que a existência e a atividade de Moisés se concentrasse em Cades, estendendo-se até a Jordania oriental. Assim ele se fundiu com a pessoa do posterior fundador da religião, o genro do midianita Jetro, a quem este último deu o nome de Moisés. Mas não temos nada a dizer a respeito da pessoa desse segundo Moisés, ele foi totalmente obscurecido pelo outro Moisés, o egípcio. A não ser que identifiquemos as contradições na caracterização de Moisés encontradas no relato bíblico. Muitas vezes ele é descrito como altivo, irascível, até mesmo violento, mas ao mesmo tempo se diz que ele foi o mais brando e paciente dos seres humanos. É claro que essas últimas características não teriam servido muito ao egípcio Moisés, que pretendia realizar tanta coisa grandiosa e difícil com seu povo; talvez, na verdade, elas pertencessem ao outro, o midianita. Acredito que temos o direito de separar as duas pessoas de novo, uma da outra, e supor que o Moisés egípcio nunca esteve em Cades e nunca ouviu o nome Jeová, e que o Moisés midianita nunca pisou no Egito e nunca soube nada a respeito de Aton. Com objetivo de fundir essas duas pessoas, foi atribuída à tradição ou à formação da lenda a tarefa de levar o Moisés egípcio a Midian. Depois ficamos sabendo que circulava mais de uma explicação para isso.

2.6

Estamos preparados para ouvir de novo a crítica de que apresentamos nossa reconstrução da história primitiva do povo de Israel com uma certeza excessiva, até infundada. Essa crítica não nos atingirá com muita força, pois encontra um eco em nosso próprio julgamento. Sabemos que nossa reconstrução tem seus pontos fracos, mas ela também tem seus lados fortes. No todo, predomina a impressão de que vale a pena o esforço de continuarmos a obra na direção já tomada. O relato bíblico contém informações históricas valiosas, inestimáveis, mas que foram desfiguradas pela influência de poderosas tendências e adornadas com invenções fantasiosas. Durante os esforços que realizamos até agora, conseguimos identificar uma dessas tendências deturpadoras. Esse achado nos indica o caminho a seguir. Ainda revelaremos outras dessas tendências. Se tivermos pontos de apoio que nos permitam encontrar as modificações produzidas por elas, poderemos buscar outras partes das verdadeiras circunstâncias por trás delas.

Primeiro, deixemos que a pesquisa bíblica crítica nos revele o que sabe sobre a história do surgimento do *Hexateuco* (os cinco livros de Moisés e o livro de *Josué*, que são os que nos interessam).[32] O mais antigo texto de referência é o J, o Jeovista, que nos tempos mais recentes reconhecemos como o sacerdote *Ebjatar*, um contemporâneo do rei Davi.[33] Um pouco mais tarde, não sabemos quando, identificamos o assim chamado Elohista, que pertence ao reino do Norte.[34] Depois do declínio do reino do Norte em 722, um sacerdote judeu reuniu

---

[32] *ENCYCLOPEDIA BRITANNICA* (Enciclopédia Britânica) XI edição, 1910. Artigo: *BIBLE*.

[33] Veja Auerbach, *WÜSTE UND GELOBTES LAND*, 1932 (Deserto e terra prometida).

[34] O Jeovista e o Elohista foram primeiro diferenciados por Astruc em 1753. [Jean Astruc (1684-1766) foi um médico francês da corte de Luís XV].

partes de J e de E e acrescentou algumas colaborações de sua autoria. Sua compilação é definida como JE. No sétimo século é acrescentado o *Deuteronômio*, o quinto livro, supostamente reencontrado no templo em sua totalidade. Na época, após a destruição do templo em 586, durante o exílio e depois do retorno, foi realizada a nova elaboração que chamamos de "Codice Sacerdotal"; no quinto século a obra ganha a sua redação definitiva, e desde então não foi mais essencialmente modificada.[35]

Muito provavelmente a história do rei Davi e de seu tempo é obra de um contemporâneo. É uma narrativa verdadeiramente histórica, de 500 anos antes de Heródoto, o "pai da História". Entendemos essa façanha quando, no sentido da nossa suposição, pensamos na influência egípcia.[36] Existe até a hipótese de que os israelitas daquele tempo primitivo, portanto, os escribas de Moisés, teriam

---

[35] Foi historicamente confirmado que a fixação definitiva do caráter judaico foi devida à reforma de Esdras e Neemias no quinto século antes do nascimento de Cristo, portanto, após o exílio, sob o domínio dos persas, que eram tolerantes com os judeus. Segundo nossos cálculos haviam transcorrido, na época, cerca de 900 anos desde o surgimento de Moisés. Nessa reforma foram levadas a sério as determinações que pretendiam santificar todo o povo, foi implantada a segregação em relação aos povos vizinhos por meio da proibição de casamentos mistos, e o Pentateuco, o verdadeiro livro da legislação, depois de concluída a sua versão modificada recebeu sua forma definitiva, conhecida como *Códice Sacerdotal*. Parece certo que a reforma não introduziu novas tendências, mas retomou e consolidou antigas sugestões.

[36] Veja Yahuda op. cit..

participado da invenção do primeiro alfabeto.[37] Naturalmente, escapa ao nosso conhecimento até onde os relatos sobre esses tempos antigos remontam a anotações antigas ou a tradições orais, e quais seriam os intervalos entre o acontecimento e o respectivo registro, em cada caso. Mas o próprio texto, na sua forma atual, revela-nos bastante sobre seus destinos. Duas tratativas opostas deixaram nele os seus vestígios. Por um lado, ele foi refeito diversas vezes, o que em grande medida o falseou, mutilou e ampliou no sentido de seus propósitos ocultos, chegando até a convertê-lo no seu contrário; por outro lado, o que predominou foi um cauteloso e vigilante respeitoso, que pretendeu manter tudo como encontrou, sem levar em conta se aquilo seria coerente ou anulava a si próprio. Assim, em quase todas as partes surgiram lacunas evidentes, repetições perturbadoras, contradições palpáveis, sinais de que algumas coisas não deveriam aparecer. Quando um texto é modificado, ocorre algo semelhante a um assassinato. A dificuldade não está na execução da ação, mas na eliminação de suas pistas. Queremos aqui devolver à palavra "mudança" (*Entstellung*) o duplo sentido a que ela tem direito, apesar dele quase não ser mais usado atualmente.* Ela não deveria significar apenas a

---

[37] Quando estavam sob a pressão da proibição de imagens, até tinham um motivo para abandonar a escrita imagética hieroglífica, enquanto adequavam os sinais escritos para a expressão de uma nova linguagem. Veja Auerbach op. cit. p. 142.

* Em português esse duplo sentido continua vigente. (N.T.)

mudança da aparência, mas também a ação de levar alguma coisa a outro local, deslocá-la a outro ponto. Com isso, em muitos casos de mudanças em textos podemos esperar encontrar, escondido em outro lugar, muito do que foi suprimido e renegado, mesmo que tenha sido modificado e arrancado do seu contexto. Só que nem sempre é fácil reconhecê-lo.

As tendências modificadoras que pretendemos identificar já devem ter exercido seus efeitos sobre as tradições orais, antes de serem registradas por escrito. Já descobrimos uma delas, talvez a mais forte de todas. Dizíamos que, com a introdução do novo deus Jeová em Cades, surgiu a necessidade de se fazer algo para a sua glorificação. Seria mais correto dizer: era preciso instalá-lo, criar espaço para ele, eliminar os vestígios de antigas religiões. No caso da religião das tribos residentes isso parece ter tido êxito, pois não ouvimos mais nada a seu respeito. Mas para os que regressavam, as coisas não foram tão fáceis, eles não permitiram que lhes tomassem o Êxodo do Egito, Moisés e a circuncisão. Haviam residido no Egito por muito tempo, mas deixaram-no depois, e por isso dali em diante seriam obrigados a renegar qualquer vestígio da influência egípcia. O caso de Moisés foi resolvido quando o transferiram a *Midian* e Cades, e o fundiram com o sacerdote de Jeová, fundador da religião. A circuncisão, o sinal mais marcante da dependência do Egito, precisou ser mantida, mas não desistiram da tentativa de desvinculá-la daquele país, apesar de sua evidência. Apenas como uma contradição proposital a essa traiçoeira circunstância é que podemos entender o enigmático, incompreensível e estilizado trecho no Êxodo, em que Jeová se enfurece com Moisés porque ele negligencia a circuncisão, e sua mulher midianita salva a vida do marido, executando rapidamente essa operação! Logo veremos algo a respeito de outra invenção, que visava tornar inofensiva essa desconfortável prova comprobatória.

Quando vemos esses esforços no questionamento da introdução de Jeová, um deus novo, estranho aos judeus, quase não podemos defini-lo como o surgimento de uma nova tendência, é muito mais apenas a continuação da antiga. Com esse propósito foram introduzidas as lendas dos patriarcas do povo, Abraão, Isaac e Jacó. Jeová assegura que já havia sido o deus desses patriarcas; naturalmente ele mesmo precisa confessar que não o veneravam com esse nome.[38]

Mas não acrescenta o nome com o qual era venerado. E aqui encontra-se o pretexto para um golpe decisivo contra a origem egípcia do costume da circuncisão: Jeová já o teria exigido de Abraão, e introduziu-o como sinal da ligação entre ele e os descendentes de Abraão. Mas essa foi uma invenção especialmente inábil. Como sinal distintivo da separação entre uns e outros, privilegiando uns em detrimento de outros, deve-se escolher algo que

---

[38] Com isso, restrições do uso desse novo nome não se tornam as mais compreensíveis, porém mais suspeitas.

não é encontrado nos outros, e não o que milhões de outros também podem mostrar. Um israelita transferido para o Egito reconheceria todos os egípcios como irmãos fraternos, irmãos em Jeová. O fato da circuncisão no Egito ser natural no país, torna impossível ela não ser conhecida pelos israelitas, que criaram o texto da Bíblia. O trecho de Josué mencionado por Ed. Meyer reconhece isso inteiramente mas, por isso mesmo, a circuncisão deveria ser negada a qualquer custo.

Não podemos exigir das formações míticas religiosas que tenham muita consideração com a coerência e a lógica. Senão, o povo até poderia se escandalizar, legitimamente, com o comportamento de uma divindade que fez um pacto com os ancestrais, em que se previam deveres mútuos, e depois, por séculos, nem se preocupou com os parceiros humanos, até que de repente resolveu se manifestar de novo aos descendentes desse povo. Mais estranha ainda é a ideia de que de repente um deus "escolhe" um povo e declara-o como "seu povo", e também declara a si mesmo como o seu deus. Acredito que este seja o único caso desse tipo na história das religiões humanas. Geralmente o deus e o povo estão juntos, são inseparáveis, são um só, desde o início. Às vezes ouvimos dizer que um povo adota outro deus, mas nunca que um deus escolhe outro povo. Talvez estejamos próximos de entender esse processo peculiar, quando lembramos do relacionamento de Moisés com o povo judeu.

Moisés reuniu-se aos judeus e fez deles o seu povo; eles eram o seu "povo eleito".[39]

A inclusão dos patriarcas serviu também a um outro propósito. Eles haviam vivido em Canaã, e sua memória estava atrelada a determinadas localidades do país. É possível que originalmente eles mesmos tivessem sido heróis cananeus ou divindades locais, que depois foram usados pelos imigrantes israelitas para compor sua pré-história.

---

[39] Indubitavelmente Jeová foi um deus vulcânico; para os habitantes do Egito não havia nenhum estímulo para que o venerassem. Certamente não sou o primeiro a perceber a sintonia do nome Jeová com a raiz do nome de outro deus, Jupiter. (Jovis). O nome Jochanan (ou seja: Gotthold, com seu equivalente púnico Aníbal) composto pela abreviação do hebraico Jeová tornou-se, nos formatos de Johann, John, Juan, o nome preferido da cristandade europeia. Quando os italianos o reproduzem com o nome Giovanni e depois chamam um dia da semana de Giovedi, eles trazem à tona uma semelhança que possivelmente não significa nada, ou talvez muito. Abrem-se aqui perspectivas muito amplas, mas também muito incertas. Parece que os países ao redor da bacia oriental do Mediterrâneo, fechados à pesquisa histórica naqueles séculos obscuros, foram o cenário de frequentes e fortes erupções vulcânicas, que deviam ter impressionado muito os habitantes. Evans supõe que inclusive a destruição definitiva do palácio de Minos em Cnossos foi a consequência de um terremoto. Na época, em Creta, como provavelmente no mundo egeu em geral, era venerada a divindade da grande mãe. A consciência de que ela não tinha condições de proteger sua casa contra um poder mais forte, deve ter contribuído para que ela fosse forçada a abrir espaço para uma divindade masculina, e então o deus vulcânico teve o primeiro direito de substituí-la. Afinal, Zeus ainda é aquele que "abala a Terra". É pouco duvidoso que naqueles tempos obscuros a substituição das divindades maternas por deuses masculinos (que talvez fossem seus antigos filhos?) tenha se realizado. Especialmente impressionante é o destino de Palas Atena, certamente a forma local da divindade materna, que na reviravolta religiosa foi destituída e rebaixada ao papel de filha, roubada pela própria mãe e constantemente excluída da maternidade, pela imposição de uma virgindade forçada.

Ao falarem deles confirmavam que eram nativos, e precaviam-se do ódio associado aos conquistadores estrangeiros. Foi uma hábil reviravolta, em que o deus Jeová só lhes devolvia o que seus ancestrais possuíram um dia.

Nos acréscimos posteriores ao texto bíblico, conseguiu-se realizar o propósito de evitar a menção a Cades. O local da fundação da religião foi definitivamente determinado como sendo a montanha de Deus, o Sinai-Horeb. O motivo disso não está claro; talvez não se quisesse ser advertido da influência de Midian. Mas todas as mudanças posteriores, especialmente da época do assim chamado Codex Sacerdotal, servem a um outro propósito. Não era mais necessário modificar os relatos sobre os acontecimentos no sentido desejado, pois isso já havia ocorrido há muito tempo. O esforço passou a se concentrar no recuo ao passado dos mandamentos e instituições do presente, ou seja, via de regra, fundamentá-los em legislações mosaicas, para justificar sua pretensão ao sagrado e ao obrigatório. Por mais que desse modo se quisesse falsear a imagem do passado, esse procedimento não deixa de ter uma certa legitimação psicológica. Ele reflete o fato de que, ao longo de muitos períodos — do Êxodo do Egito até a fixação do texto bíblico sob Esdras-Neemias* transcorreram cerca de 800

---

* Esdras-Neemias é um livro da Bíblia hebraica que cobre o período da queda da Babilônia em 539 até a segunda metade do quinto século, e fala das sucessivas missões de Zerubabel, Esdras e Neemias em Jerusalém, e seus esforços para restaurar o culto ao deus de Israel e criar uma comunidade judaica pura. (N.T.)

anos — a religião de Jeová retrocedera à conformidade, talvez até à identidade com a religião original de Moisés. E esse é o resultado mais importante, o conteúdo fatídico da história da religião judaica.

2.7

Dentre todos os acontecimentos da Antiguidade sobre os quais os poetas, sacerdotes e historiadores vieram a se debruçar depois, destacou-se um deles, cuja supressão foi imposta pelos mais acertados e melhores motivos humanos. Foi o assassinato do grande líder e libertador Moisés, que Sellin identificou a partir de indicações nos registros dos profetas. Não podemos chamar de fantasiosa essa colocação de Sellin, ela é bastante verossímil. Moisés, egresso da escola de Aquenáton, não fez uso de nenhum outro método além daquele do rei, ele impôs sua crença ao povo.[40] Os ensinamentos de Moisés talvez fossem mais rudes do que os de seu mestre, ele não precisou se prender ao deus solar, a escola de On não tinha nenhuma importância para o seu povo estrangeiro. Tanto Moisés quanto Aquenáton tiveram o mesmo destino, comum a todos os déspotas esclarecidos. O povo judeu de Moisés tampouco era capaz de suportar uma religião tão altamente espiritualizada, e encontrar a satisfação de suas necessidades naquilo que ela

---

[40] Naqueles tempos, um outro tipo de influência nem teria sido possível.

oferecia, como a que encontrava junto aos egípcios da 18ª dinastia. Em ambos os casos ocorreu a mesma coisa, os tutelados e reprimidos se levantaram e atiraram longe o fardo da religião que lhes fora imposta. Mas enquanto os mansos egípcios esperaram pacientemente até que o destino tivesse eliminado a sagrada pessoa do faraó, os impetuosos semitas tomaram o destino em suas mãos e afastaram o tirano de seu caminho.[41]

Também não se pode afirmar que o texto bíblico preservado não tenha nos preparado para esse fim, de Moisés. O relato sobre a "perambulação pelo deserto", que deve ter ocorrido nos tempos do domínio de Moisés, descreve uma série de graves revoltas contra a sua autoridade, que também — seguindo o mandamento de Jeová — foram reprimidas com castigos sangrentos. Podemos imaginar facilmente que um dia uma revolta como essa teria um final diferente daquele pretendido pelo texto sagrado. E também, a abjuração da nova religião pelo povo é narrada no texto, obviamente sob a forma de um episódio concreto. É a história do bezerro de ouro, na qual, com uma hábil manobra, a quebra das tábuas da Lei, a ser entendida simbolicamente ("ele quebrou a lei") foi atribuída

---

[41] De fato, vale a pena observarmos que, na milenar história egípcia, quase não ouvimos falar de uma eliminação violenta ou do assassinato de um faraó. Numa comparação, por exemplo, com a história assíria, essa surpresa é ainda maior. Naturalmente isso pode vir do fato de que os registros históricos entre os egípcios serviam exclusivamente a propósitos oficiais.

ao próprio Moisés e motivada pela sua furiosa indignação.

Seguiu-se um tempo em que se lamentou a morte de Moisés, e tentou-se esquecê-la. Certamente isso ocorreu na época da reunião em Cades. Mas quando a data do Êxodo foi aproximada à da fundação da religião no oásis, e admitiu-se a colaboração de Moisés nela, no lugar do outro, isso não apenas satisfez a demanda dos seguidores de Moisés, mas também negou o doloroso fato da sua morte violenta. Na realidade é muito improvável que Moisés tenha participado dos acontecimentos em Cades, mesmo se sua vida não tivesse sido abreviada.

Agora precisamos tentar esclarecer as condições cronológicas desses acontecimentos. Transferimos o Êxodo do Egito ao momento logo após a extinção da 18ª dinastia (1350). Ele deve ter ocorrido naquela época ou um pouco mais tarde, pois os cronistas egípcios acrescentaram os anos subsequentes de anarquia do período do governo de Haremhab, o faraó que acabou com ela e governou até 1315. A referência seguinte para essa cronologia, e também a única, foi apresentada pela estela de Merneptá (1225-15) em que o faraó se vangloria da vitória sobre Isiraal (Israel) e da devastação de suas plantações (?). O sentido dessa inscrição infelizmente é dúbio, deixemos que ela tenha valor apenas como prova de que na época as tribos israelitas já estavam estabelecidas em Canaã.[42] A partir dessa estela Ed.

---

[42] Ed. Meyer, op. cit. p. 222.

Meyer conclui, com razão, que Merneptá não pode ter sido o faraó do Êxodo, como antes se preferia acreditar. O Êxodo deve ter ocorrido numa época anterior. Aliás, a pergunta sobre o faraó do Êxodo parece-nos totalmente inútil. Não houve um faraó do Êxodo, pois este ocorreu num interregno. Mas a descoberta da estela também não lança nenhuma luz sobre a possível data da união dos povos e da adoção da religião em Cades. Tudo o que podemos dizer com certeza é que foi em algum momento entre 1350 e 1215. Supomos que o Êxodo ocorreu numa data bem próxima ao início desse século, e o evento em Cades não ocorreu num momento tão distante do final. Utilizamos o maior espaço desse tempo para o intervalo entre os dois acontecimentos. É que precisamos de um período mais longo para que, depois do assassinato de Moisés, as paixões entre os que regressavam tivessem se arrefecido, e a influência dos seguidores de Moisés, os levitas, tivesse se tornado tão grande quanto pressupõe o compromisso em Cades. Duas gerações, talvez 60 anos, tivessem sido suficientes para isso, mas já é um prazo bem restrito. O que se conclui a partir da estela de Merneptá nos parece cedo demais, e como reconhecemos que em nossa tese uma suposição se fundamenta em outra, admitimos que essa discussão revela um lado fraco da nossa construção.

Infelizmente, tudo o que se relaciona com o assentamento do povo judeu em Canaã é pouco claro e muito confuso. O que talvez seja mais pertinente é a informação de que o nome de Israel na estela não se refere às tribos cujos destinos nós nos esforçamos em acompanhar, e que se juntaram ao posterior povo de Israel. E também que o nome *Habiru* = hebreu, dos tempos de Amarna, foi transferido a esse povo.

Qualquer que fosse o momento em que tenha ocorrido a união das tribos para formar uma nação, pela adoção de uma religião comum, esse poderia ter sido facilmente um ato irrelevante para a história mundial. A nova religião poderia ter sido arrastada pela correnteza dos acontecimentos, Jeová poderia ter assumido seu lugar na procissão dos deuses do passado — que o poeta Flaubert* viu passar — e todas as doze tribos de seu povo poderiam ter se "perdido", e não apenas as dez procuradas por tanto tempo pelos anglo-saxões. O deus Jeová, ao qual o midianita Moisés conduziu um novo povo, provavelmente não era, sob nenhum aspecto, um ser excepcional. Era um deus local, rude, mesquinho, violento e sedento de sangue, que prometera dar aos seus adeptos as terras em que "jorrava leite e mel" desafiando-os a expulsar os atuais residentes com o "fio da espada". Apesar de todas as mudanças nos relatos bíblicos, causa-nos espanto como tanta coisa pôde permanecer preservada, a ponto de se reconhecer sua essência

---

* Gustave Flaubert (1821-1880) foi um escritor francês, que marcou a literatura francesa pela profundidade de suas análises psicológicas. Sua obra mais conhecida é "Madame Bovary". (N.T.)

original. Sequer se tem certeza se essa religião foi mesmo um autêntico monoteísmo, que contestou a natureza divina das divindades de outros povos. Provavelmente era suficiente que o deus se tornasse mais poderoso do que todos os deuses estrangeiros. Se em seguida tudo ocorreu diversamente do que esses acréscimos levariam a supor, então podemos encontrar a causa apenas num único fato. A uma parte do povo o egípcio Moisés dera outra ideia de deus, mais elevada espiritualmente, a ideia de uma divindade única, de abrangência universal, tão universalmente amorosa quanto onipotente, e que, avessa a todo tipo de cerimonial e magia, determinava ao ser humano, como o seu mais elevado objetivo, uma vida na verdade e na justiça. Por mais incompletos que sejam nossos relatos sobre o lado ético da religião de Aton, não pode deixar de ter significado o fato de que Aquenáton, em suas inscrições, regularmente definia a si mesmo como "vivendo em Maat" (verdade e justiça).[43] Com o passar do tempo já não importava mais que o povo — provavelmente depois de um breve período — rejeitasse os ensinamentos de Moisés e o eliminasse. É que a *tradição* permaneceu, e sua influência alcançou, porém só gradualmente ao longo de séculos, o que fora negado ao próprio Moisés. O deus Jeová obteve honras imerecidas

---

[43] Seus hinos não enfatizam apenas a universalidade e a unicidade de Deus, mas também sua amorosa proteção a todas as criaturas, e estimulam à alegria junto à natureza e o desfrute de sua beleza. Veja Breasted. *THE DAWN OF CONSCIENCE*. (O alvorecer da consciência).

quando, a partir de Cades, atribuiu-se a ele a realização libertadora de Moisés; porém ele sofreria uma pesada punição por essa usurpação. A sombra do deus cujo lugar ele havia tomado tornou-se mais forte do que ele; no final do processo veio à tona, de trás da sua essência, a do deus mosaico esquecido. Ninguém duvida que só a ideia desse outro deus permitiu que o povo de Israel superasse todos os golpes do destino e o mantivesse vivo até os nossos tempos.

Na vitória final do deus mosaico sobre Jeová não se consegue mais identificar a participação dos levitas. Naquele tempo, quando foi celebrado o compromisso em Cades, eles se mantiveram fiéis a Moisés graças à viva lembrança do seu senhor, pois haviam sido seus seguidores e conterrâneos. Nos séculos que se passaram a partir de então eles se fundiram com o povo ou com os sacerdotes. O trabalho principal dos sacerdotes passara a ser o desenvolvimento e a proteção do ritual, e além disso a preservação e a reelaboração dos textos sagrados de acordo com seus propósitos. Mas será que o serviço das oferendas e todo aquele cerimonial não eram basicamente apenas rituais de magia e feitiçaria, como o antigo ensinamento de Moisés havia rejeitado, incondicionalmente? Então do meio do povo destacou-se uma série de homens não mais ligados ao Moisés original, mas atraídos pela grande e poderosa tradição que fora crescendo gradualmente na obscuridade; esses homens eram os profetas, que transmitiam incansavelmente o antigo ensinamento mosaico em que a divindade rejeitava a oferenda e o cerimonial, incentivando apenas a fé e uma vida na verdade e na justiça. ("Maat"). O empenho dos profetas teve um êxito duradouro; os ensinamentos com os quais restauraram a antiga crença tornaram-se um conteúdo permanente da religião judaica. Foi uma grande honra para o povo judeu ter conseguido manter uma tradição como essa e produzir homens que lhe emprestaram uma voz, mesmo que o estímulo a isso tenha vindo de fora, de um grande homem, um estrangeiro.

Eu não me sentiria seguro com essa apresentação se não pudesse invocar a opinião de outros pesquisadores especializados, que veem a importância de Moisés para a história da religião judaica à mesma luz que eu, mesmo sem admitir sua origem egípcia. Vejam o que diz, por exemplo, Sellin:[44]

> Consequentemente, desde o início devemos imaginar a verdadeira religião de Moisés, a crença naquele único Deus moral que ele anuncia como a propriedade de um pequeno círculo de pessoas do meio do povo. Desde o início não podemos esperar encontrá-lo nos cultos oficiais, na religião dos sacerdotes, na crença do povo em geral. Desde o início só podemos contar com o surgimento, uma vez aqui, outra ali, de uma centelha do fogo espiritual que ele acendeu um dia, para mostrar que suas ideias não morreram, mas que, aqui e ali, silenciosamente, influenciaram a crença e a moral. Isso

---

[44] Op. cit. p. 52.

até que, mais cedo ou mais tarde, sob o efeito de vivências especiais ou de personalidades especialmente tocadas pelo seu espírito, essas ideias irrompessem novamente com mais força e obtivessem mais destaque em massas populares mais extensas. Sob esse aspecto é que deve ser vista, desde o início, a antiga história da religião israelita. Quem quisesse reconstruir a religião mosaica, como ela nos foi mostrada pelos documentos históricos da vida do povo nos primeiros cinco séculos em Canaã, cometeria o mais grave erro de metodologia.

Volz é ainda mais explícito.[45]* Ele diz que:

> Inicialmente a gigantesca obra de Moisés foi entendida e aplicada apenas fraca e escassamente, até que ao longo dos séculos ela foi penetrando cada vez mais e mais no seio do povo, para finalmente encontrar espíritos afins nos profetas, que deram continuidade à obra do solitário líder.

Com isso chego à conclusão do meu trabalho, que deveria servir ao único propósito de incluir a

---

[45] Paul Volz, MOSE, Tubinga 1907 (p. 64).

* Paul Volz (1871-1941) estudioso alemão da Bíblia, autor de uma abrangente exposição da escatologia judaica. Em sua obra "*Mose, ein Beitrag zur Untersuchung über die Ursprünge der israelitische Religion*" (1907) (Moisés, uma contribuição à pesquisa das origens da religião israelita) ele conclui, a partir da religião pós-mosaica, pré-profética, que Moisés fundou uma associação pró Jeová. Na obra posterior "*Mose und sein Werk*" (1932) (Moisés e sua obra), ele considera Moisés o fundador do povo e do decálogo, o que seria o seu verdadeiro projeto. (N.T.)

figura de um Moisés egípcio no enredo da história judaica. Para expressar nosso resultado numa fórmula a mais resumida possível, acrescentaremos às já conhecidas dualidades dessa história — *duas* massas de povos que se juntam para a formação da nação, *dois* reinos, nos quais essa nação se divide, *dois* nomes de deus nas escrituras de referência da Bíblia, — mais duas: *duas* fundações de religiões, a primeira reprimida pela segunda, e depois novamente chegando ao primeiro plano como vencedora; *dois* fundadores de religiões, ambos com o mesmo nome, Moisés, porém com personalidades que devemos distinguir uma da outra. E todas essas dualidades são a consequência necessária da primeira, do fato de que uma parte do povo sofreu uma experiência que podemos avaliar como traumática, e que a outra parte não vivenciou. Além disso ainda haveria muita coisa para se explicar, esclarecer e afirmar. Só então, na verdade, se justificaria o interesse em nosso estudo puramente histórico. No caso especial da história judaica seria uma tarefa tentadora estudar no que consiste a verdadeira natureza de uma tradição, e onde reside seu poder excepcional; e como é impossível negar-se a influência pessoal de grandes homens na história mundial. Cometemos o crime contra a grandiosa diversidade da vida humana quando nos dispomos a reconhecer apenas as necessidades materiais como motivações para seus atos, e de quais fontes algumas ideias, principalmente as religiosas, extraem as forças com as quais subjugam as pessoas e os povos. Tal prosseguimento do meu trabalho daria sequência a ideias que registrei há 25 anos em Totem e Tabu. Mas não creio ainda ter forças para realizar isso.

3. Moisés, seu povo e o monoteísmo

3.1 Primeira parte

3.1 a. Comentário preliminar I (antes de março de 1938)

Com a ousadia de quem não tem nada ou quase nada a perder, pretendo contrariar, pela segunda vez, uma resolução bem fundamentada, e enviar para a revista *Imago* (vol. XXIII cadernos 1 e 3) a parte final dos dois ensaios sobre Moisés que eu havia retido. Concluí-a com a afirmação de que minhas forças não seriam suficientes para escrevê-la, querendo dizer, naturalmente, que minha capacidade criadora está enfraquecendo com a chegada da idade mais avançada.[1] Mas pensei também em outro obstáculo.

Vivemos numa época especialmente estranha. Notamos, com espanto, que o progresso fez uma aliança com a barbárie. Na Rússia soviética decidiu-se melhorar a vida de 100 milhões de pessoas

---

[1] Não compartilho da opinião de meu colega contemporâneo Bernard Shaw, de que as pessoas só produziriam algo correto se pudessem chegar à idade de 300 anos. Com o prolongamento do tempo de vida não se alcançaria nada, muitas outras coisas deveriam ser basicamente mudadas nas condições de vida.

mantendo-as oprimidas. Foram suficientemente ousados a ponto de privá-las do "entorpecente" da religião, e prudentemente dar-lhes uma medida razoável de liberdade sexual; mas com isso submeteram-nas à mais cruel opressão, tirando-lhes qualquer possibilidade de liberdade de pensamento. Com uma violência semelhante, o povo italiano foi educado a manter uma ordem rígida e um forte senso do dever.

No caso do povo alemão, sentimos quase como o alívio de uma opressiva preocupação, quando observamos que o retrocesso à barbárie quase pré-histórica pode avançar sem se apoiar em qualquer ideia progressista. Em todo caso, atualmente as coisas se configuraram de tal modo que as democracias conservadoras tornaram-se as guardiãs do progresso cultural, e que, de modo excepcional, justamente a instituição da Igreja católica contrapõe uma forte resistência à expansão desses perigos culturais. Justamente a Igreja, até então a inimiga implacável da liberdade de pensamento e do progresso no reconhecimento da verdade!

Vivemos num país católico sob a proteção dessa Igreja, sem ter certeza de quanto tempo essa proteção vai durar. Mas enquanto ela existir, naturalmente nos preocupamos em não fazer nada que possa despertar a sua hostilidade. Não é covardia, mas cautela; queremos evitar nos colocar a serviço desse novo inimigo, mais perigoso do que o antigo, com o qual já aprendemos a conviver. A pesquisa psicanalítica que promovemos já é objeto de uma vigilante desconfiança por parte do catolicismo. Não afirmaremos que isso é assim injustamente. Quando nosso trabalho nos conduz à conclusão de que a religião se reduz a uma neurose da humanidade, e que seu grandioso poder pode ser explicado do mesmo modo que a compulsão neurótica em cada um de nossos pacientes, então teremos a certeza de atrair para nós a mais forte contrariedade dos poderes dominantes.

Não que seja uma novidade o que temos a dizer, e já não tenhamos dito com suficiente clareza há um quarto de século; mas desde então isso foi esquecido, e não poderá deixar de ter repercussões, se hoje o repetirmos e elucidarmos usando um exemplo determinante de todas as fundações de religiões. Provavelmente isso conduziria a uma proibição da nossa atividade psicanalítica. Esses métodos violentos de opressão não são, de modo algum, alheios à Igreja, mas quando outros fazem uso deles ela os encara como uma usurpação de seus direitos. Mas a psicanálise que, no decorrer da minha longa vida chegou a todos os lugares, ainda não tem um lar, um lugar mais valioso para ela do que a cidade em que nasceu e cresceu.

Não apenas acredito, como sei que esse outro obstáculo, esse perigo externo, me impedirá de publicar a última parte do meu estudo sobre Moisés. Fiz mais uma tentativa de afastar as dificuldades do meu caminho, ao dizer a mim mesmo que a razão do meu medo é uma supervalorização da minha importância pessoal. Provavelmente será bastante indiferente para as autoridades mais importantes o que pretendo escrever sobre Moisés e a origem das religiões monoteístas. Mas não me sinto seguro nesse julgamento. Parece-me muito mais possível que a maldade e o sensacionalismo compensarão o que faltará em valorização do meu trabalho pelos meus contemporâneos. Portanto, não tornarei esse trabalho público, mas isso não precisa me impedir de escrevê-lo. Especialmente porque eu já o escrevi uma vez há dois anos, portanto preciso apenas reelaborá-lo e acrescentá-lo aos dois ensaios enviados previamente. Então ele poderá permanecer guardado num local abrigado, até que um dia possa ser conhecido sem receios, ou até que se possa dizer a alguém que se professe às mesmas conclusões e opiniões, que em tempos obscuros já existiu alguém que pensou o mesmo que ele.

3.1 b. Comentário preliminar II (em junho de 1938)

As dificuldades específicas que me sobrecarregaram durante a redação deste estudo vinculado à pessoa de Moisés — preocupações interiores, assim como impedimentos externos — fizeram com que este terceiro e último ensaio fosse introduzido por dois prólogos diferentes, que se contradizem e até se revogam mutuamente. Pois no curto espaço de tempo entre os dois, as condições externas do escritor modificaram-se radicalmente. Na época eu vivia sob a proteção da Igreja Católica e me sentia tomado pelo medo de que, por meio da minha publicação, eu pudesse perder essa proteção e expor meus adeptos e alunos a uma proibição de trabalhar com a psicanálise na Áustria. E então, de repente, veio a invasão alemã: usando as palavras da Bíblia, o catolicismo provou ser um "junco que se verga ao sabor do vento". Com a certeza de ser perseguido, não só por causa do meu modo de pensar, mas também pela minha "raça", abandonei com muitos amigos a cidade que fora meu lar por 78 anos, desde a minha primeira infância.

Encontrei a mais calorosa acolhida na bela, livre e generosa Inglaterra. E agora é aqui que eu vivo, como um hóspede bem visto, é aqui que respiro aliviado por estar livre daquela opressão e poder falar e escrever novamente, eu quase diria: poder pensar como quero ou como preciso. Agora eu ouso tornar pública a última parte do meu trabalho.

Não há mais impedimentos externos, pelo menos não aqueles que nos façam recuar, assustados. Nas poucas semanas da minha estadia aqui recebi muitas saudações de amigos que se alegraram com a minha presença, e também de desconhecidos e até de pessoas sem envolvimentos com a minha profissão, que apenas queriam expressar sua satisfação por eu ter encontrado liberdade e segurança aqui. E com surpreendente frequência para este estrangeiro, somaram-se a isso cartas de outro teor, expressando preocupações com a salvação da minha alma, querendo me indicar os caminhos de Cristo e me dar esclarecimentos a respeito do futuro de Israel.

Essa boa gente que escreveu tudo isso não podia ter sabido muito a meu respeito, mas eu espero que, quando este trabalho sobre Moisés se tornar conhecido entre meus novos conterrâneos por meio de uma tradução, também perderei uma parte considerável dessa simpatia demonstrada por eles atualmente.

Quanto às dificuldades interiores, a reviravolta política e a troca do local de domicílio não conseguiram mudar nada. Tanto quanto antes, sinto uma certa insegurança em relação ao meu trabalho, sinto falta da consciência de unidade e pertencimento que deve existir entre o autor e sua obra. Não que me falte a convicção da exatidão dos resultados. Eu já a havia obtido há um quarto de século quando escrevi o livro *Totem e Tabu*, em 1912, e desde então ela só se fortaleceu. Desde essa época eu não tive mais dúvidas de que os fenômenos religiosos apenas podem ser entendidos de acordo com o padrão dos sintomas neuróticos já conhecidos do indivíduo, como o retorno de processos significativos da história primordial da família humana, há muito esquecidos e que devem o seu caráter compulsivo justamente a essa origem, e portanto, exercem o seu efeito sobre as pessoas em função de seu conteúdo de verdade histórica. Minha insegurança só surge quando eu me pergunto se consegui provar essas teorias no exemplo que escolhi, do monoteísmo judaico. No meu sentido crítico este trabalho, que parte do homem Moisés, assemelha-se a uma bailarina que se equilibra na ponta de um pé. Se eu não tivesse tido a possibilidade de me apoiar sobre uma explicação analítica do mito do abandono e, a partir disso, lançar mão da suposição de Sellin sobre o fim de Moisés, tudo isso não poderia ter sido escrito. Em todo caso, agora eu tive a coragem de fazê-lo.

Então começo resumindo os resultados do meu segundo estudo sobre Moisés, puramente histórico. Esses resultados não serão submetidos a nenhuma nova crítica, porque formam o pressuposto das elucidações psicológicas que partem deles e sempre retornam a eles.

3.1.1 O pressuposto histórico

Portanto, o fundo histórico dos eventos que prenderam nosso interesse é o seguinte: por meio das conquistas da 18ª dinastia, o Egito tornou-se um império mundial. O novo imperialismo reflete-se no desenvolvimento das ideias religiosas, quando não do povo inteiro, porém certamente dos governantes e da camada superior intelectualmente ativa. Sob a influência dos sacerdotes do deus do Sol em On (Heliópolis), talvez fortalecidos pelos estímulos vindos da Ásia, surge a ideia do deus universal Aton, que não se restringe mais a um único país e a um único povo. Com Amenófis IV chega ao poder um jovem faraó, que não tem nenhum outro interesse maior do que o desenvolvimento dessa ideia de deus. Ele promove a religião de Aton a uma religião de Estado, e assim o deus universal torna-se o deus único; tudo o que se fala dos outros deuses é engano e mentira. Com uma imensa inexorabilidade ele resiste a todas as tentações do pensamento mágico, e renega a ilusão de uma vida após a morte, algo especialmente caro aos egípcios. Numa espantosa intuição de uma visão científica futura, ele reconhece na energia da irradiação solar a fonte de toda vida sobre a Terra, e venera o Sol como o símbolo de poder do seu deus. Ele se vangloria de seu amor pela Criação e de sua vida em Maat (verdade e justiça).

Esse é o primeiro e talvez mais puro caso de uma religião monoteísta na história da humanidade. Uma visão mais profunda das condições históricas e psicológicas de seu surgimento teria um valor inestimável. Mas foram tomadas providências para que não chegassem a nós informações mais precisas sobre a religião de Aton. Já sob o reinado dos fracos sucessores de Aquenáton tudo o que ele havia produzido ruiu. Sequiosas de vingança, as instituições sacerdotais oprimidas por ele voltaram-se com fúria contra sua memória, e a religião de Aton foi eliminada. A cidade do faraó estigmatizado como ímpio foi destruída e saqueada. Em cerca de 1350 AC a 18ª dinastia se apagou. Depois de um período de anarquia, o general Haremhab, que governou até 1315 AC, restabeleceu a ordem. A reforma de Aquenáton parecia ser um episódio destinado ao esquecimento.

Até aqui relatamos o que foi constatado historicamente, e a partir de agora introduziremos nossa hipotética continuação. Entre as pessoas próximas a Aquenáton havia um homem que talvez se chamasse Tutmés, como muitos outros na época[2] — não importa o nome — o que importa é que a segunda parte desse nome tinha de ser — *mose*. Ele ocupava um cargo elevado, era adepto convicto da religião de Aton, mas ao contrário do pensativo rei, era enérgico e apaixonado. Para esse homem, o fim de Aquenáton e a eliminação da sua religião representavam o fim de todas as suas esperanças. Ele só poderia continuar vivendo no Egito como um proscrito ou um apóstata. Como governador de uma província na fronteira, talvez ele tivesse entrado em contato com uma tribo semítica que emigrara para aquele lugar há algumas gerações. Na angústia da decepção e do isolamento ele se voltou para esses estrangeiros, buscando junto a eles uma compensação pelas suas perdas. Elegeu-os como seu povo, e tentou concretizar neles os seus ideais. Depois que deixou o Egito com seus seguidores, ele consagrou-os por meio do sinal da circuncisão, transmitiu-lhes algumas leis, e introduziu-os aos ensinamentos da religião de Aton, que os egípcios haviam acabado de rejeitar. As prescrições que esse Moisés deu aos seus judeus talvez fossem mais duras do que as do seu mestre e professor Aquenáton, e talvez ele também tenha desistido do deus solar On, ao qual o rei ainda se apegara.

---

[2] Assim, por exemplo, também se chamava o escultor, cuja oficina foi encontrada em Tell-el-Amarna.

A saída do Egito deve ter ocorrido no período do interregno, depois de 1350 AC. Os períodos seguintes, até a tomada de posse das terras de Canaã, são especialmente nebulosos. Na obscuridão que o relato bíblico deixou, ou melhor, criou aqui, a pesquisa histórica de nossos tempos conseguiu identificar dois fatos. O primeiro, descoberto por E. Sellin, é que os judeus, de acordo com a própria Bíblia, revoltam-se um dia de forma obstinada e renitente contra seu legislador e líder, mataram-no, e descartaram a religião de Aton que ele lhes havia imposto, tal como haviam feito antes os egípcios. O outro fato, comprovado por Ed. Meyer, é que os judeus retirantes do Egito uniram-se mais tarde a algumas tribos de parentes próximos, no território entre a Palestina, a península do Sinai e a Arábia, e que ali, sob a influência dos midianitas árabes, num lugarejo de muita água chamado Cades, adotaram uma nova religião que consistia na veneração do deus vulcânico Jeová. Logo depois estavam preparados para invadir Canaã, como conquistadores.

As relações temporais entre esses dois eventos, e também entre eles e a saída do Egito, são muito incertas. A referência histórica seguinte é constituída por uma estela do faraó Merneptá (no poder até 1215 AC) que, no relato sobre as incursões bélicas na Síria e na Palestina, menciona "Israel" como um dos derrotados. Se tomarmos a data dessa estela como um *terminus ad quem** ainda resta, para todo

---

* Expressão em latim que quer dizer "termo a que", ou seja, o ponto que determina o fim de uma ação. (N.T.)

o período a partir do Êxodo, cerca de um século (depois de 1350 AC até antes de 1215 AC). Mas é possível que o nome "Israel" ainda não designasse as tribos cujos destinos estamos acompanhando, e que verdade o período em pauta seria bem mais longo. O estabelecimento do povo judeu em Canaã com certeza não foi uma conquista rápida, mas um processo que ocorreu em etapas e se estendeu por períodos maiores. Se nos libertarmos das limitações representadas pelo texto da estela de Merneptá, poderemos mais facilmente imaginar a época de Moisés como equivalente a uma geração humana, ou seja 30 anos;[3] depois podemos deixar transcorrer no mínimo duas gerações, ou até mais, até a reunião em Cades.[4] O intervalo entre Cades e a partida em direção a Canaã não precisa ser longo; a tradição judaica, como demonstra o ensaio anterior, tem bons motivos para reduzir o intervalo entre a saída do Egito e a fundação da religião em Cades. Mas para esta apresentação, o que nos interessa é o contrário. Tudo isso ainda é história, uma tentativa de preencher as lacunas de nossos conhecimentos históricos e, em parte, a repetição do segundo ensaio da *Imago*. Nosso interesse é o de acompanhar os destinos de Moisés e seus ensinamentos, aos quais, aparentemente, a

---

[3] Isso corresponderia à perambulação de 40 anos pelo deserto, conforme o texto bíblico.

[4] Portanto cerca de 1350 AC (40) – 1320 AC (10) para o período de Moisés, 1260 AC ou pouco mais tarde para *Cades*, e a estela de Merneptá antes de 1215 AC.

revolta dos judeus colocou um ponto final. A partir do relato do *Jeovista*, escrito ao redor do ano 1000, mas certamente baseado em registros anteriores, reconhecemos que, com a união e a fundação da religião em Cades, foi firmado um compromisso em que ambas as partes ainda são bem distintas. Uma delas só pretendia negar a novidade e a estranheza do deus Jeová e aumentar sua pretensão à devoção pelo povo, enquanto a outra não queria renunciar às lembranças que lhe eram caras, da libertação do Egito e da grandiosa figura do líder Moisés. Ela conseguiu incluir o fato e o homem na nova apresentação da história preliminar do povo judeu, manter pelo menos o sinal externo da religião de Moisés, a circuncisão, e talvez também implantar certas restrições ao uso do novo nome do deus. Dissemos que os representantes dessas pretensões eram os descendentes dos seguidores de Moisés, os levitas, distantes apenas poucas gerações dos contemporâneos e conterrâneos do líder, e ainda ligados à sua memória, por meio de vivas recordações. As descrições poeticamente adornadas atribuídas ao Jeovista e seu concorrente posterior, o *Eloísta*, são como os túmulos sob os quais a verdadeira narrativa desses antigos episódios, referentes à natureza da religião mosaica e à violenta eliminação do grande homem, deveria ser sepultada e encontrar a paz eterna, permanecendo oculta ao conhecimento das gerações posteriores. Mas se observarmos corretamente, veremos que não há nada de misterioso no acontecimento;

porém poderia muito bem ter representado o fim definitivo do episódio de Moisés na história do povo judeu.

O estranho nisso tudo é que não foi bem assim, na verdade os efeitos mais intensos daquela vivência do povo só apareceram mais tarde, só foram penetrando na realidade gradualmente, ao longo de muitos séculos. Não é muito provável que Jeová, quanto ao seu caráter, tenha se diferenciado muito dos deuses dos povos e das tribos ao redor; ele brigava com todos eles, como todos os povos brigavam entre si, mas devemos supor que um devoto de Jeová daqueles tempos tampouco teria tido a ideia de negar a existência dos deuses de Canaã, como Moab, Amalek, etc. assim como não negava a existência dos povos que acreditavam neles.

A ideia monoteísta que se iluminou subitamente com Aquenáton, obscureceu novamente e permaneceu muito tempo ainda na escuridão. Descobertas realizadas na ilha Elefantina, pouco abaixo da primeira catarata do Nilo, trouxeram a surpreendente informação de que ali existiu, há séculos, o assentamento de uma colônia militar judaica, em cujo templo ao lado do deus principal Jahu, eram veneradas duas divindades femininas, uma das quais de nome Anat-Jahu. Esses judeus eram desligados da pátria mãe, não haviam participado do seu desenvolvimento religioso; o governo imperial persa (quinto século) transmitiu-lhes o conhecimento das novas prescrições do culto, oriundas de Jerusalém.[5] Voltando a tempos mais antigos, podemos dizer que o deus *Jeová* certamente não tinha nenhuma semelhança com o deus mosaico. Aton era pacifista, assim como seu representante na Terra, o faraó Aquenáton, que na verdade era o seu modelo, e que assistiu passivamente à ruína do império universal conquistado pelos seus antepassados. Para um povo que se dispunha a usar a violência para se apossar de novos territórios, certamente Jeová era mais adequado. E tudo que valia a pena ser venerado no deus mosaico, geralmente escapava à compreensão da massa primitiva.

Eu já afirmei — e até gostei de mostrar minha concordância com os outros — que o fato central do desenvolvimento da religião judaica consistiu na perda, ao longo do tempo, das características próprias do deus Jeová, que foi adquirindo cada vez mais semelhanças com Aton, o antigo deus de Moisés. Entretanto, permaneceram algumas diferenças que à primeira vista tenderíamos a superestimar, mas elas podem ser facilmente esclarecidas. Aton havia começado a reinar no Egito numa época feliz, com posses asseguradas, e mesmo quando o império começou a balançar, seus adeptos conseguiram se esquivar das perturbações para continuar a louvar suas criações e desfrutar delas.

---

[5] Auerbach: *WÜSTE UND GELOBTES LAND* (Deserto e Terra Prometida) vol. II, 1936.

O destino trouxe uma série de pesadas provações e dolorosas experiências ao povo judeu, seu deus tornou-se duro e rigoroso, como que obscurecido. Ele manteve o caráter de um deus universal que reina sobre todos os países e povos, mas o fato da sua veneração ter sido transferida dos egípcios aos judeus, foi expresso na afirmação adicional de que os judeus eram seu povo eleito, cujas obrigações especiais no final também seriam especialmente recompensadas. Não foi fácil para o povo vincular essa crença de ser o preferido de seu Deus todo poderoso às tristes experiências de seu infeliz destino. Mas não se deixaram confundir; aumentaram seu próprio sentimento de culpa para sufocar as dúvidas em relação a Deus, e no final talvez invocar os Seus impenetráveis desígnios, como os devotos fazem ainda hoje. Perguntaram-se, admirados, por que Ele permitiu que o tempo todo surgissem novos malfeitores que os maltratavam e os subjugavam, entre eles os assírios, os babilônios e os persas, pois até reconheceriam seu poder se depois vissem todos esses inimigos serem derrotados e terem seus reinos destruídos.

Em três pontos importantes o tardio Deus dos judeus finalmente se igualou ao Deus mosaico. O primeiro e mais decisivo é que realmente ele foi reconhecido como o único Deus, e seria impensável haver qualquer outro ao seu lado. O monoteísmo de Aquenáton foi levado a sério por todo um povo, sim, esse povo apegou-se tanto a essa ideia que ela se tornou o principal conteúdo da sua vida espiritual, não abrindo espaço para nenhum outro interesse. O povo e a classe sacerdotal, esta última exercendo o domínio sobre o primeiro, estavam de acordo quanto a esse ponto, mas enquanto os sacerdotes concentravam as atividade no aprimoramento da cerimônia para a veneração, entravam em confronto com fortes correntes que tentavam ressuscitar dois outros ensinamentos de Moisés sobre seu Deus. As vozes dos profetas não se cansavam de proclamar que Deus rejeitava o cerimonial e as oferendas, e que apenas exigia que acreditassem nele e vivessem na verdade e na justiça. E quando louvavam a simplicidade e a santidade da vida no deserto, certamente estavam sob a influência dos ideais mosaicos.

Chegou a hora de perguntarmos se de fato é necessário invocarmos a influência de Moisés na configuração final da ideia judaica de Deus, e se talvez não seria suficiente supormos que houve um desenvolvimento espontâneo em direção a uma espiritualidade superior, ao longo de uma vida cultural que perpassou muitos séculos. Há duas coisas a se dizer sobre essa possibilidade de esclarecimento, que colocaria um ponto final em todas nossas tentativas de decifrar enigmas. Em primeiro lugar que ela não esclarece nada. Apesar de muito bem dotado e nas mesmas condições, o povo grego não foi levado ao monoteísmo, mas ao afrouxamento da religião politeísta e ao início do pensamento filosófico. Até onde nós o entendemos, o monoteísmo no Egito havia crescido como um efeito colateral do imperialismo: Deus era o reflexo do faraó, regente irrestrito de um grande império universal. Para os judeus, as condições políticas para a transição da ideia de um deus exclusivo do povo à de um regente universal eram extremamente desvantajosas. E afinal, de onde veio o atrevimento dessa minúscula e frágil nação, para se proclamar filha predileta do grande Senhor? A pergunta pelo surgimento do monoteísmo entre os judeus permanece sem resposta, a menos que fiquemos satisfeitos com a resposta usual de que ele seria a expressão do gênio religioso especial desse povo. O gênio é conhecidamente incompreensível e irresponsável, e por isso não devemos invocá-lo para esclarecer as coisas, até que as outras soluções fracassem.[6]

Além disso constatamos que o próprio relato e a escrita histórica judaica nos indicam o caminho, e dessa vez sem se contradizerem, ao afirmarem, com muita segurança, que a ideia de um único Deus foi levada ao povo por Moisés. Se houvesse uma ressalva contra essa afirmação, então seria a de que a elaboração sacerdotal do texto apresentado provavelmente atribui fatos demais a Moisés. Instituições como as prescrições rituais, que reconhecidamente provêm de tempos posteriores, são apresentadas como mandamentos mosaicos, na

---

[6] O mesmo comentário vale para o peculiar caso de William Shakespeare.

evidente intenção de conferir autoridade a elas. Para nós certamente esse é um motivo de suspeita, mas não o suficiente para uma rejeição. É que o motivo mais profundo para esse exagero está bastante claro. A narrativa sacerdotal pretende produzir um *continuum* entre seu tempo presente e o tempo mosaico, bem anterior; ela quer justamente negar o que definimos como o fato mais marcante da história da religião judaica, de que entre a legislação de Moisés e a posterior religião judaica há uma lacuna, inicialmente preenchida pelo serviço a Jeová, e só mais tarde gradualmente eliminada. A narrativa contesta esse fato por todos os meios, apesar de sua precisão histórica estar confirmada, acima de qualquer dúvida, pois com o tratamento especial conferido ao texto bíblico, permaneceram abundantes informações que o comprovam. Nesse caso, a remodelação sacerdotal tentou produzir algo semelhante àquela tendência deturpadora que transformou o novo deus Jeová no Deus dos patriarcas. Se levarmos em conta esse motivo do Codex Sacerdotal, será difícil para nós negarmos o crédito à afirmação de que realmente o próprio Moisés deu aos seus judeus a ideia do monoteísmo. Nossa concordância deveria até tornar-se mais fácil, pois sabemos como essa ideia chegou até Moisés, o que os sacerdotes judeus certamente não sabiam.

Nesse ponto alguém poderia perguntar, o que afinal nós ganhamos ao dizer que o monoteísmo judeu deriva do egípcio? Com isso o problema é só afastado mais um pouco; não nos aproximamos da gênese da ideia monoteísta, não sabemos nada além disso. A resposta é que não se trata de uma questão de consciência, mas de investigação. E talvez possamos aprender algo com isso, se soubermos qual foi o verdadeiro desenrolar dos fatos.

3.1.2 Período de latência e tradição

Portanto, professamos a crença de que a ideia de um único Deus, assim como o repúdio às cerimônias de caráter mágico e a ênfase na exigência ética em Seu nome, foram de fato doutrinas mosaicas, que no início não encontraram eco; mas após um longo período intermediário elas ressurgiram, começaram a se impor, e finalmente se estabeleceram de forma permanente. Como podemos explicar um efeito tão tardio, e onde podemos encontrar fenômenos semelhantes?

Lembramos, de imediato, que não raro eles podem ser encontrados em âmbitos muito distintos, e que provavelmente ocorrem de diversas formas, mais ou menos compreensíveis. Vejamos, por exemplo, o destino de uma nova teoria científica, como a teoria da evolução de Darwin. Primeiro ela enfrentou uma exasperada rejeição, foi fortemente contestada por décadas, no entanto não precisou mais do que uma geração para ser reconhecida como verdadeira, como um grande avanço da ciência. O próprio Darwin ainda foi homenageado com um túmulo ou um mausoléu em *Westminster*.* Um caso como esse não é difícil de decifrar. A nova verdade enfrenta muitas resistências, representadas por argumentos com os quais se pode contestar as provas em favor da teoria rejeitada; o embate das opiniões leva um certo tempo, e desde o início existem adeptos e opositores. O número, assim como a importância dos primeiros sempre aumenta, até que no final eles alcançam a supremacia; ao longo de todo o tempo da disputa jamais se esquece do que se trata. Não nos admira que foi preciso um tempo maior para todo esse transcurso, provavelmente não vimos que estávamos lidando com um processo de psicologia das massas.

Não é difícil encontrar uma analogia correspondente a esse processo na vida psíquica do indivíduo. Seria o caso de alguém que considera novo algo que ele deve reconhecer como uma verdade, com base em determinadas provas, mas que contradiz alguns de seus desejos e fere algumas de suas valiosas convicções. Então ele hesita, busca razões pelas quais pode colocar em dúvida esse algo novo, e luta contra si mesmo por algum tempo, até que no final acaba concordando: "É assim mesmo, embora eu não o aceite facilmente, embora seja doloroso para mim ter de acreditar nisso". Desse

---

* Era uma grande honra ser enterrado na abadia de Westminster, onde estão os túmulos dos mais famosos poetas, atores, escritores, generais e cientistas britânicos, entre os quais Isaac Newton (morto em abril de 1727), o explorador e missionário David Livingstone (morto em maio de 1873) e neste caso Charles Darwin (morto em abril de 1882). (N.T.)

modo aprendemos apenas que leva muito tempo até que, com um árduo trabalho de compreensão, o ego consiga superar as objeções mantidas por fortes cargas afetivas. Não é muito grande a semelhança entre esse caso e aquele que nos esforçamos em compreender.

O exemplo seguinte, ao qual nos dedicaremos, provavelmente tem menos ainda em comum com o nosso problema. Um dia uma pessoa, aparentemente sem ferimentos, abandona o local em que sofreu um terrível acidente, por exemplo, a colisão entre dois trens. Porém, ao longo das semanas seguintes, ela desenvolve uma série de graves sintomas psíquicos e motores, que só poderiam ter como origem um choque, um abalo, ou o que mais possa ter sucedido naquela ocasião. Então ela adquire o que chamamos de uma "neurose traumática". Esse é um fato totalmente incompreensível, portanto, um fato novo. O intervalo entre o acidente e as primeiras manifestações dos sintomas é chamado de "tempo de incubação", numa clara alusão à patologia das doenças infecciosas. Posteriormente chama-nos a atenção que, apesar da diferença fundamental entre o problema da neurose traumática e o monoteísmo judaico, ambos coincidem em um ponto, ou seja, num aspecto que poderíamos chamar de *latência*. Segundo a nossa suposição já quase certa, existe na história da religião judaica um longo período depois da queda da religião de Moisés, em que há um silêncio total em torno da ideia monoteísta, da rejeição do cerimonial e da forte ênfase na ética. Assim, devemos nos preparar para a possibilidade de que a solução do nosso problema deva ser buscada numa situação psicológica especial.

Já relatamos repetidas vezes o que aconteceu em Cades, quando as duas partes do futuro povo judeu uniram-se para a adoção de uma nova religião. As lembranças da emigração e da figura de Moisés ainda eram tão fortes e vivas, naqueles que estiveram no Egito que eles exigiram de todos uma aceitação ligada a esse relato sobre o passado. Talvez fossem netos de pessoas que haviam conhecido Moisés pessoalmente; alguns ainda se sentiam egípcios e usavam nomes egípcios. Mas tinham bons motivos para reprimir a lembrança do destino preparado para o seu líder e legislador. Para os outros era determinante o propósito de glorificar o novo Deus e contestar que fosse um estranho. Ambas as partes tinham o mesmo interesse em negar que um dia seguiram outra religião, e qual era seu conteúdo. Assim foi firmado aquele primeiro compromisso, que provavelmente logo foi registrado por escrito; os que vieram do Egito haviam trazido a escrita e o prazer de registrar a história por meio dela. Mas ainda levaria muito tempo até se reconhecer que a história escrita tinha a obrigação inexorável de se manter fiel à verdade. Antes não se dava muita importância ao registro dos relatos de acordo com as necessidades e tendências do momento, como se ainda não se conhecesse o conceito de falsificação. Como consequência dessas condições, poderia se produzir uma contradição entre o registro escrito e a transmissão oral do mesmo assunto, a assim chamada *tradição oral*. O que havia sido omitido ou modificado no registro escrito poderia muito bem ter se mantido intacto na tradição oral, que era a complementação e ao mesmo tempo a contradição à historiografia. A tradição oral estava menos sujeita à influência de tendências deturpadoras, talvez até totalmente imune a ela em algumas partes, e por isso poderia ser mais verídica do que o registro escrito. Mas a tradição oral era menos confiável, mais inconstante e incerta do que o registro escrito, quando a história transmitida oralmente de uma geração a outra era submetida a diversas modificações e deturpações. Uma tradição oral como essa poderia ter os mais diversos destinos. Deveríamos muito mais esperar que ela fosse abafada pelo registro escrito, que não conseguisse se impor a ele, ficasse cada vez mais à sua sombra e finalmente fosse legada ao esquecimento. Mas outros destinos também seriam possíveis; um deles é que a própria tradição oral fosse registrada por escrito. Outras possibilidades serão tratadas mais adiante, neste texto.

Para o fenômeno da latência na história da religião judaica, que tratamos aqui, podemos dar a explicação de que, no assim chamado registro escrito oficial da história, os fatos e conteúdos propositadamente omitidos na verdade nunca se perderam. O conhecimento deles continuou vivo nas tradições orais que se mantiveram no povo. Sellin nos assegura que existia uma tradição desse tipo, Moisés, que contradizia diretamente o relato oficial e se aproximava muito mais da verdade. Podemos supor que o mesmo ocorreu com outras coisas que, junto com Moisés, aparentemente haviam sido eliminadas, ou seja, alguns conteúdos da religião mosaica considerados inaceitáveis para a grande maioria dos contemporâneos de Moisés.

Porém o fato que nos causa estranheza aqui é que essas tradições orais, em vez de enfraquecerem com o tempo, tornaram-se cada vez mais fortes ao longo dos séculos. Elas foram acrescentadas às elaborações posteriores dos relatórios oficiais, e finalmente mostraram-se fortes o bastante para influenciar decisivamente o pensamento e as ações do povo. Em todo caso as condições que possibilitaram esse desfecho escapam ao nosso conhecimento.

Esse fato é tão estranho que nos sentimos no direito de examiná-lo melhor. Nele, o nosso problema se torna mais nítido. O povo judaico havia abandonado a religião de Aton trazida por Moisés e se voltado para a veneração de outro deus, que se diferenciava muito pouco dos *Baalim** dos povos vizinhos. Todos os esforços das tendências posteriores não foram suficientes para ocultar esse comportamento vergonhoso. Mas a religião de Moisés não desapareceu sem deixar vestígios,

---

* Baalim eram as estátuas erguidas a Baal, o principal deus masculino dos fenícios e cartagineses, e de outros povos da Palestina na Antiguidade. Seu culto era muito primitivo e brutal, até crianças eram sacrificadas. (N.T.)

uma espécie de lembrança dela permaneceu, uma tradição oral talvez obscurecida e deturpada. E foi essa tradição de um grande passado que continuou atuando nos bastidores, obtendo aos poucos cada vez mais poder sobre os espíritos, conseguindo finalmente transformar o deus Jeová no deus mosaico, despertando para a vida a religião de Moisés, implantada há muitos séculos e depois abandonada. O fato de uma religião desaparecida exercer um efeito tão poderoso na vida psíquica de um povo não é uma ideia familiar para nós. Encontramo-nos num campo da psicologia das massas no qual não nos sentimos em casa. Pretendemos procurar por analogias, fatos que pelo menos tenham uma natureza semelhante, mesmo que em outras áreas. Imaginamos que possam ser encontrados.

Nos tempos em que se preparava o retorno da religião mosaica entre os judeus, o povo grego se encontrava na posse de um tesouro extremamente rico de lendas e mitos de heróis. Acredita-se que no nono ou oitavo século surgiram as duas epopeias homéricas que extraíram seu conteúdo desse conjunto de lendas. Com nossas percepções psicológicas atuais poderíamos ter perguntado, bem antes de Schliemann* e Evans,* de onde os gregos extraíram

---

* Heinrich Schliemann (1822-1890) foi um arqueólogo alemão, defensor da realidade histórica dos topônimos mencionados nas obras de Homero e descobridor de sítios arqueológicos como Troia e Micenas. (N.T.)

* Arthur John Evans (1851-1941) foi um arqueólogo inglês, encontrou os restos da civilização minoica em Creta, cujo nome remonta à lenda do Minotauro e ao labirinto percorrido por Teseu. (N.T.)

todo aquele material lendário que Homero e os grandes dramaturgos da Ática elaboraram em suas obras primas. A resposta deveria ser a seguinte: provavelmente esse povo viveu um período de extremo brilho e florescimento cultural, que se extinguiu numa catástrofe histórica, e do qual se preservou, por meio dessas lendas, uma obscura tradição oral. A pesquisa arqueológica de nossos dias confirmou essa suposição, que certamente naquela época foi considerada ousada demais. Ela descobriu os testemunhos da grandiosa cultura minoico-micênica, que no território grego provavelmente já chegara ao fim antes de 1250 AC. Não há praticamente nenhuma indicação dela dentre os historiadores gregos de épocas posteriores. Tudo o que se sabia dela parte de um comentário de que existiu de fato um período em que os cretenses dominavam os mares, e a citação do nome do rei Minos também do seu palácio, o Labirinto; não sobrou mais nada sobre essa cultura, apenas as tradições orais recolhidas pelos poetas.

Tornaram-se conhecidos também épicos populares de outros povos, como os alemães, indianos, finlandeses, etc. É atribuição dos historiadores da literatura pesquisar se o surgimento desses épicos permite supor as mesmas condições que no caso dos gregos. Acredito que a pesquisa trará um resultado positivo. Reconhecemos a condição de um segmento de história anterior, que inevitavelmente reaparece mais tarde como rico em conteúdo, significativo e grandioso, talvez sempre heroico, mas tão distante no passado, pertencente a tempos tão remotos que, para as gerações posteriores, torna-se conhecido apenas por meio de uma obscura e incompleta tradição oral. Foi uma surpresa constatar que a epopeia, como gênero literário, foi apagada em tempos posteriores. Talvez a explicação seja a ausência das condições que possibilitaram a sua existência. O antigo material foi reelaborado, e para todos os acontecimentos posteriores o registro escrito substituiu a tradição oral. As maiores façanhas heroicas de nossos dias não foram capazes de inspirar uma epopeia, e até Alexandre, o Grande já tinha o direito de reclamar que dificilmente encontraria um Homero.

Tempos muito remotos exercem uma profunda atração, às vezes até enigmática, sobre a fantasia das pessoas. Por mais frequentes que sejam as suas insatisfações com o presente — e são mesmo bem frequentes — as pessoas se voltam para o passado esperando poder um dia realizar o sonho, nunca desfeito, de uma era de ouro.[7] Provavelmente elas continuam sob o feitiço de sua infância, da qual têm uma lembrança nada imparcial de um tempo de serena bem aventurança. Quando, do passado, apenas permanecem as lembranças incompletas e difusas que chamamos de tradição, para o artista

---

[7] Macaulay se baseou nessa situação nos seus *LAYS OF ANCIENT ROME* (Poemas da antiga Roma). Neles ele se transporta ao papel de um cantor que, entristecido com os devastadores combates daquele tempo, transmite aos ouvintes o ânimo do sacrifício, da unidade e do patriotismo dos antepassados.

isso se constitui num estímulo especial, pois ele se sente livre para preencher as lacunas da memória segundo os desejos da sua fantasia, e configurar o retrato da época que ele quer reproduzir de acordo com os seus propósitos. Poderíamos quase dizer que, quanto mais indeterminada a tradição oral, mais apropriada ela se torna para o poeta. Portanto, nem precisamos nos admirar com o grande significado da tradição oral para a poesia, e a analogia com o caráter condicional da epopeia nos deixará mais inclinados a aceitar a surpreendente suposição de que, entre os judeus, foi a tradição de Moisés que transformou o culto de Jeová na antiga religião mosaica. Entretanto, quanto ao resto, esses dois casos ainda são muito diferentes. Ali há a produção de uma poesia, e aqui a de uma religião, e no caso dessa última supomos que ela foi reproduzida sob o impulso de uma tradição, com uma fidelidade à qual o caso da epopeia naturalmente não pode apresentar uma contrapartida. Assim, ainda resta o suficiente do nosso problema para justificar a necessidade de analogias mais adequadas.

3.1.3 A analogia

A única analogia satisfatória para o peculiar processo que reconhecemos na história da religião judaica encontra-se num campo aparentemente muito afastado; mas ela é bastante completa, bem próxima de uma identidade. Nela encontramos novamente o fenômeno da latência, o surgimento de manifestações incompreensíveis que exigem uma explicação, e a condição das antigas vivências mais tarde esquecidas. E também o caráter da compulsão que se impõe à psique, dominando o pensamento lógico, um traço que, por exemplo, não é considerado na gênese da epopeia.

Essa analogia é encontrada na psicopatologia, na gênese das neuroses humanas, portanto, num campo que pertence à psicologia individual, enquanto os fenômenos religiosos naturalmente devem ser situados na psicologia das massas. Logo ficará claro que essa analogia não é tão surpreendente quanto poderia parecer inicialmente, sim, que na verdade ela corresponde muito mais a um postulado.

As impressões vivenciadas muito cedo e depois esquecidas, e às quais atribuímos um significado tão grande na etiologia das neuroses, são chamadas de *traumas*. Devemos deixar de lado a pergunta se a etiologia das neuroses em geral pode ser vista como traumática. A evidente ressalva contra isso é que nem sempre podemos deduzir a existência de um trauma notório a partir da história primitiva do indivíduo neurótico. Muitas vezes devemos nos contentar em dizer que não existe nada além de uma reação excepcional, anormal, a experiências e exigências vivenciadas por todos os indivíduos, e que costumam ser resolvidas e elaboradas por eles de outra forma, considerada normal. Onde não houver mais nada disponível para uma explicação além de disposições hereditárias e constitucionais, compreensivelmente somos tentados a dizer que a neurose não foi adquirida, mas desenvolvida.

Porém nesse contexto destacam-se dois pontos. O primeiro é que todas as vezes e em todos os lugares a gênese da neurose remonta a impressões muito remotas da infância.[8] Em segundo lugar, é certo que existem casos que definimos como "traumáticos", porque os efeitos referem-se inconfundivelmente a uma ou mais fortes impressões desse período da infância, não submetidos a uma resolução normal, de modo que podemos pensar que, caso não tivessem ocorrido, a neurose também não se produziria. Portanto, seria suficiente para nossos propósitos se tivéssemos de restringir a nossa buscada analogia apenas a esses casos traumáticos. Mas o abismo entre os dois grupos não parece intransponível. É bem possível unir as duas condições etiológicas numa só concepção; depende apenas do que definimos como traumático. Se pudermos supor que a vivência só adquiriu seu caráter traumático em consequência de um fator quantitativo, portanto, que em todos os casos a culpa está em um excesso de exigência, quando a vivência gera reações incomuns, patológicas, então poderíamos concluir que em uma determinada constituição algo atua como um trauma, e na outra isso não ocorre. Podemos então imaginar uma, por assim dizer, *série complementar* alternante, na qual

---

[8] Portanto, é insensato afirmar que se exerce a psicanálise quando não se pesquisa e não se considera justamente esses tempos primitivos, como acontece em alguns setores.

dois fatores se reúnem para compor uma etiologia, ou seja, o menos de um é compensado pelo mais do outro, e no geral ocorre uma atuação conjunta de ambos; apenas nos dois extremos da série é que podemos falar de uma motivação simples. Depois dessa reflexão podemos deixar de lado a distinção entre a etiologia traumática e não traumática, considerando-a irrelevante para aquela analogia buscada por nós.

Apesar do risco de uma repetição, talvez seja adequado reunir aqui os fatos que contém a analogia significativa para nós. São os seguintes: para nossa pesquisa descobriu-se que aquilo que chamamos de fenômenos (sintomas) de uma neurose são as consequências de determinadas vivências e impressões que, justamente por causa disso, reconhecemos como traumas etiológicos. Portanto, temos duas tarefas diante de nós. Primeiro, procurar os aspectos em comum dessas vivências, e segundo, os dos sintomas neuróticos. Porém nisso não conseguimos evitar determinados esquemas.

I

a) Todos esses traumas pertencem à primeira infância, até cerca de cinco anos de idade. Impressões do momento do início da capacidade de fala destacam-se como especialmente interessantes. O período dos dois aos quatro anos de idade destaca-se como o mais importante. Não se consegue determinar com certeza quando começa esse período de receptividade, após o nascimento.

b) Via de regra as vivências em questão são totalmente esquecidas, não são acessíveis à memória, inserem-se no período da amnésia infantil que geralmente é rompido por alguns restos avulsos de lembranças, as assim chamadas lembranças encobridoras.

c) Elas se referem a impressões de natureza sexual e agressiva, e certamente também a danos precoces ao *ego* (ofensas narcísicas). Devemos mencionar, sobre isso, que crianças mais novas não conseguem distinguir as ações sexuais das puramente agressivas com tanta precisão quanto mais tarde (equívoco sádico do ato sexual). Naturalmente a prevalência do momento sexual chama muito a atenção e exige uma apreciação teórica.

Esses três pontos — ocorrência precoce nos primeiros cinco anos, esquecimento, conteúdo sexual-agressivo — estão estreitamente ligados. Os traumas ou são vivências no próprio corpo ou percepções dos sentidos, geralmente de coisas vistas e ouvidas, portanto, vivências ou impressões. A relação entre esses três pontos é produzida por uma teoria, um resultado do trabalho analítico, que só transmite um conhecimento das vivências esquecidas numa expressão mais vívida, porém incorreta, que pode devolvê-las à memória. Essa teoria diz que, contrariamente à opinião popular, a vida sexual do ser humano — ou o que corresponde a ela posteriormente — apresenta um florescimento precoce que chega ao fim aos cerca de cinco anos de idade, e ao qual se segue o assim chamado período de latência — até a puberdade — no qual não ocorre nenhum desenvolvimento posterior da sexualidade; o que já foi alcançado é anulado. Essa teoria é confirmada pelo exame anatômico do crescimento das genitálias internas; ele conduz à suposição de que o homem descende de uma espécie animal que amadureceu sexualmente aos 5 anos de idade, e desperta a suspeita de que o adiamento da vida sexual e o seu início em dois momentos tem uma relação muito estreita com a história do aparecimento da espécie humana. O homem parece ser o único ser animal com essa latência e esse retardamento sexual. Pesquisas em primatas, que a meu ver não foram realizadas, seriam imprescindíveis para a verificação dessa teoria. Psicologicamente não é indiferente que o período da amnésia infantil coincida com essa precocidade da sexualidade. Talvez essa situação produza a verdadeira condição para a possibilidade da neurose que, em certo sentido, é uma prerrogativa humana, e sob esse aspecto aparece como um resquício (*survival*) dos tempos primitivos, assim como certas partes da anatomia do nosso corpo.

II

Quanto às características ou particularidades em comum dos fenômenos neuróticos devemos destacar dois pontos:

a) Os efeitos do trauma são de dois tipos, positivos e negativos. Os primeiros são esforços para trazer o trauma à tona, portanto, lembrar a vivência esquecida ou, melhor ainda, torná-la real, viver novamente uma repetição dela mesmo que tenha sido apenas uma antiga relação de afeto, e deixá-la ressuscitar numa relação análoga com outra pessoa. Sintetizamos esses esforços como uma *fixação* no trauma e uma *pulsão de repetição*. Eles podem ser absorvidos no assim chamado *ego* normal e conferir-lhe traços de caráter imutáveis, como tendências constantes, apesar de, ou muito mais justamente porque seu real fundamento, sua origem histórica, foi esquecida. Assim, um homem, que passou sua infância numa ligação excessivamente forte, hoje esquecida, com sua mãe, poderá passar sua vida inteira procurando uma mulher com a qual possa criar um vínculo de dependência, deixando-se alimentar e sustentar por ela. Uma menina que durante a primeira infância tornou-se objeto de uma violação sexual, poderá adequar sua vida sexual posterior no sentido de provocar sempre de novo esse tipo de agressão. É fácil perceber que com essas ideias sobre a questão das neuroses podemos avançar na compreensão da formação do caráter.

As reações negativas perseguem a meta contrária, isto é, que dos traumas esquecidos nada deve ser lembrado e nada repetido. Podemos resumi-las como *reações de defesa*. Sua expressão principal são as assim chamadas *evitações*, que podem se intensificar e se transformar em *inibições* e *fobias*. Essas reações negativas também fornecem as mais fortes contribuições para a cunhagem do caráter; no fundo também são fixações no trauma, tanto quanto suas contrárias, só que são fixações com uma tendência oposta. Os sintomas da neurose no sentido mais estrito são formações de compromissos, aos quais contribuem ambos os esforços que têm origem nos traumas, de modo que ora a parte de uma, ora a de outra direção assumem uma expressão predominante neles. Por meio dessas reações opostas produzem-se conflitos que geralmente não podem ser solucionados pelas vias regulares.

b) Todos esses fenômenos — os sintomas, assim como as restrições do *ego* e as modificações estáveis do caráter — têm um caráter compulsivo, isto é, numa grande intensidade psíquica eles apresentam uma ampla independência da organização de outros processos psíquicos, adaptados às exigências do mundo exterior real, e que obedecem às leis do pensamento lógico. Eles não são influenciados, ou não o suficiente, pela realidade externa, não se preocupam com ela e com a sua representação psíquica, de modo que caem facilmente numa contradição ativa com ambos. São ao mesmo tempo um Estado no Estado, uma parte inacessível, imprestável para um trabalho conjunto, mas que consegue dominar a outra, assim chamada normal, e forçá-la a se colocar a seu serviço. Quando isso acontece, consegue-se implementar o domínio de uma realidade psíquica interior sobre a realidade do mundo exterior, e abre-se o caminho à psicose. Mesmo quando isso não vai tão longe, torna-se difícil superestimar o significado prático dessas condições. A inibição e a incapacidade de viver das pessoas dominadas por uma neurose é um fator muito significativo na sociedade humana, e podemos reconhecer nisso a expressão direta de uma fixação num fragmento anterior do seu passado.

Então perguntamos, o que ocorre com a latência, para que ela nos interesse particularmente em relação à nossa analogia? Um surto neurótico pode ocorrer imediatamente depois de um trauma da infância, uma neurose infantil dominada pelos esforços de defesa, com a formação de sintomas. Ela pode permanecer por um tempo mais longo, causar perturbações muito perceptíveis, mas também pode transcorrer de forma latente e passar despercebida. Via de regra, nessa neurose a defesa mantém a supremacia; em todo caso, permanecem modificações no *ego*, comparáveis à formação de cicatrizes. Só raramente a neurose infantil prossegue, sem interrupções, na neurose do adulto. Mais frequentemente ela se desliga, entrando num período de desenvolvimento aparentemente imperturbado, um processo sustentado ou possibilitado pela introdução do período fisiológico de latência. Só mais tarde ocorre a transformação, com a qual a neurose definitiva se torna manifesta, como um efeito retardado do trauma. Isso ocorre com a chegada da puberdade, ou um pouco mais tarde. No primeiro caso, porque as pulsões fortalecidas pelo amadurecimento físico podem retomar a luta em que inicialmente estiveram submetidas à defesa, e no outro porque as reações e mudanças no *ego* produzidas na defesa mostram-se impeditivas para a resolução das novas tarefas da vida; isso produz sérios conflitos entre os desafios do mundo real exterior e o *ego*, que quer manter sua organização arduamente conquistada na luta de defesa. O fenômeno de uma latência da neurose que ocorre entre as primeiras reações ao trauma e o posterior surto da doença deve ser reconhecido como típico. Podemos também ver esse adoecimento como uma tentativa de cura, como um esforço de reconciliar todas aquelas partes do *ego* dissociadas pela influência do trauma, e reuni-las com as restantes em uma poderosa totalidade, para enfrentar o mundo exterior. Mas uma tentativa como essa raramente tem êxito, quando não há uma ajuda efetiva do trabalho analítico; porém nem sempre isso acontece, então frequentemente ela acaba numa total devastação e fragmentação do *ego*, ou na sua dominação pela parte precocemente dissociada, dominada pelo trauma.

Para convencer o leitor seria desejável apresentar-lhe, em detalhes, inúmeras histórias de vida de pessoas com neuroses. Mas diante da amplitude e da dificuldade do assunto, isso anularia totalmente o caráter deste trabalho. Ele se transformaria num ensaio sobre a neurose, e depois provavelmente seria útil apenas para aquela minoria que escolheu o estudo e o exercício da psicanálise como uma missão de vida. Como aqui eu me dirijo a um círculo mais amplo, não posso fazer nada além de pedir ao leitor que me dê um voto de confiança provisório pelas minhas explicações resumidas acima. De minha parte, ele só precisará aceitar as conclusões às quais o conduzirei, se as teorias que são seus pressupostos forem consideradas comprovadamente corretas.

Mesmo assim, posso relatar um caso, no qual podemos reconhecer com bastante clareza algumas das mencionadas peculiaridades da neurose. Naturalmente não devemos esperar, de um único caso, que ele revele tudo, e não precisamos ficar decepcionados se o seu conteúdo estiver distante daquele que procuramos, para estabelecer uma analogia.

Como ocorria frequentemente nas famílias pequeno-burguesas, o menino, em seus primeiros anos de vida, compartilhava o dormitório com os pais e, numa idade em que ainda nem desenvolvera a capacidade de falar, repetidamente, ou até regularmente ele tinha a oportunidade de observar as atividades sexuais dos pais, ver muitas coisas e mais ainda ouvi-las. Numa neurose posterior, que surgiu imediatamente depois da primeira ejaculação espontânea, as perturbações do sono foram o mais precoce e perturbador dos sintomas. Ele se tornou extremamente sensível aos ruídos noturnos, e uma vez desperto, não conseguia mais adormecer. Essa perturbação do sono era um autêntico sintoma de comprometimento, por um lado a expressão de sua defesa contra aquelas observações noturnas, e por outro uma tentativa de recuperar a vigília, na qual ele podia espiar e ouvir tudo que se passava ali.

Ao despertar precocemente para uma masculinidade agressiva por meio dessas observações, a criança começou a estimular seu pequeno pênis com a mão e a promover diversos ataques sexuais à mãe, numa identificação com o pai, colocando-se em seu lugar. Isso foi tão longe que finalmente a mãe proibiu o menino de tocar em seu membro, e além disso ele teve que ouvir dela a ameaça de contar tudo ao pai, que, como castigo, cortaria aquele seu membro pecaminoso. Essa ameaça de castração teve nele um efeito traumático excepcionalmente forte. Ele abandonou sua atividade sexual e modificou seu caráter. Em vez de se identificar com o pai, o menino começou a temê-lo, assumiu uma atitude passiva diante dele, e com eventuais comportamentos rebeldes passou a provocá-lo para que ele o castigasse fisicamente. Para ele esses castigos físicos tinham um significado sexual, em que se identificava com a mãe maltratada. Angustiado, como se não pudesse ficar sem o amor de sua mãe nem por um instante, o menino apegou-se cada vez mais a ela, pois vislumbrava nela a proteção contra o ameaçador perigo de castração pelo pai. Nessa modificação do complexo de Édipo ele passou por todo um período de latência, em que ficou livre de perturbações aparentes. Tornou-se um menino exemplar, com bastante êxito no aprendizado escolar.

Até aqui acompanhamos o efeito imediato do trauma, e constatamos o fato da latência.

O ingresso na puberdade trouxe a manifestação da neurose e revelou seu segundo sintoma principal, a impotência sexual. Ele perdeu a sensibilidade do membro, não tentava tocá-lo e não se atrevia a se aproximar de uma mulher com propósitos sexuais. Sua atividade sexual permaneceu restrita à onania psíquica com fantasias sadomasoquistas, nas quais facilmente identificamos o escape daquelas suas antigas observações dos coitos dos pais. O impulso da fortalecida masculinidade trazido pela puberdade foi utilizado para alimentar o ódio e a hostilidade contra o pai. Essa relação extrema com o pai, sem nenhum respeito e até autodestrutiva, foi responsável também pelo seu fracasso na vida e seus conflitos com o mundo exterior. Ele não conseguiu avançar em sua profissão, porque fora seu pai que o obrigara a segui-la. Ele também não tinha amigos, e nunca se dava bem com seus superiores.

Quando, após a morte do pai e acometido por todos esses sintomas e essa incapacidade ele finalmente encontrou uma mulher, surgiram, como essência do seu ser, traços de caráter que transformaram numa tarefa muito difícil as relações com os que o cercavam. Ele desenvolveu uma personalidade absolutamente egoísta, despótica e brutal, com a qual provavelmente sentia a necessidade de oprimir e magoar os outros. Era a cópia fiel do pai, do modo como a sua imagem se formara em sua memória, portanto, um renascimento da identificação com o pai, que o filho havia incorporado por motivos sexuais. Nesse momento reconhecemos o *retorno* do que foi reprimido, e que, ao lado dos efeitos imediatos do trauma e o fenômeno da latência, descrevemos como os principais traços de uma neurose.

3.1.4 A aplicação

Trauma infantil — defesa — latência — surto neurótico — o retorno parcial do que foi reprimido: essa é a fórmula que estabelecemos para o desenvolvimento de uma neurose. O leitor está convidado a dar o importante passo para a suposição de que, na vida da espécie humana, ocorreu algo semelhante ao que ocorre na vida do indivíduo. Ou seja, foram fatos de conteúdo sexual-agressivo com consequências duradouras, mas que em sua maioria foram evitados e esquecidos, e depois de uma longa latência voltaram a atuar, produzindo fenômenos similares em constituição e tendência.

Acreditamos poder vislumbrar esses processos, e queremos mostrar que suas consequências, semelhantes a sintomas, são os fenômenos religiosos. Desde o surgimento da ideia da evolução, não se pode mais duvidar que a espécie humana possui uma pré-história quase desconhecida, quer dizer, esquecida, por isso uma conclusão como essa tem quase o peso de um postulado. Quando ficamos sabendo que, aqui como ali, os traumas operantes e esquecidos referem-se à vida na família humana, podemos saudar isso como um acréscimo muito bem vindo e imprevisto, não exigido pelas nossas discussões até agora.

Eu já levantei essas hipóteses há um quarto de século em meu livro *Totem e Tabu* (1912) e preciso apenas repeti-las aqui. A obra parte de uma informação de Charles Darwin, e refere-se a uma suposição de Atkinson.* Ela diz que em tempos primitivos o homem vivia em pequenas hordas, cada uma sob o domínio de um macho mais forte. A época não pôde ser determinada, e também não se conseguiu estabelecer sua ligação com alguma época geológica conhecida; provavelmente aquele ser humano ainda não havia desenvolvido suas capacidades de fala. Uma parte importante da obra é a suposição de que os destinos aqui descritos atingiram todos os homens primitivos, portanto, todos os nossos antepassados.

---

* Caroline Louise Waring Atkinson (1834-1872) foi uma escritora e botânica australiana, destacou-se no estudo e na defesa dos aborígenes australianos. (N.T.)

A história é contada numa imensa síntese, como se tivesse acontecido uma única vez. Na realidade ela se estendeu por milênios, e nesse longo período repetiu-se inúmeras vezes. O macho forte era o dono e pai de toda a horda, tinha um poder ilimitado, que empregava com muita violência. Todos os seres do sexo feminino eram sua propriedade, mulheres e filhas da própria horda, e talvez também as raptadas de outras hordas. O destino dos filhos era trágico; quando provocavam o ciúme do pai eram assassinados, castrados ou expulsos. Eram obrigados a viver juntos em pequenas comunidades, só conseguiam ter mulheres raptando-as, e apenas um ou outro era bem sucedido, quando então conseguia elevar-se a uma posição semelhante à do pai na horda primitiva. Por razões naturais os filhos mais novos ocupavam uma posição excepcional, pois, protegidos pelo amor das mães, tiravam proveito do envelhecimento dos pais e podiam substituí-los depois da sua morte. Acreditamos reconhecer ecos dessas expulsões dos filhos mais velhos, assim como do favorecimento dos mais novos, em muitas lendas e contos de fadas.

O decisivo passo a seguir para a modificação desse primeiro tipo de organização "social" deve ter sido aquele em que os irmãos expulsos e vivendo em comunidade uniram-se, mataram o pai, e, de acordo com os costumes daquele tempo, devoraram-no cru. Não precisamos ficar chocados com esse canibalismo, ele se estende amplamente até as eras posteriores. Mas o importante é que atribuímos a esses homens primitivos as mesmas atitudes emocionais que pudemos constatar, por meio da pesquisa analítica, nos seres humanos primitivos atuais, ou seja, nas nossas crianças. Portanto, elas não só odiavam o pai e o temiam, mas também o respeitavam como um exemplo; na verdade cada uma queria mesmo é ocupar o lugar dele. Então o ato de canibalismo torna-se compreensível como uma tentativa de assegurar sua identificação com o pai, por meio da incorporação de um pedaço dele.

É de se supor que, depois do assassinato do pai, seguiu-se um longo período em que os irmãos brigavam pela sua herança, pois cada um queria obtê-la só para si. A visão dos perigos e o fracasso dessas brigas, a lembrança do ato de libertação realizado em conjunto pelos irmãos e a sua ligação afetiva, que surgiu na época da expulsão, finalmente conduziram a uma nova união entre eles, uma espécie de contrato social. Foi a primeira forma de organização social com *renúncia às pulsões*, o reconhecimento de *deveres* mútuos, a implantação de determinadas *instituições*, declaradas inquebrantáveis (sagradas), portanto, os inícios da moral e do direito. Cada um renunciaria ao ideal de requerer a posição do pai só para si, e também à posse da mãe e das irmãs. Com isso surgiu o *tabu do incesto* e o mandamento da *exogamia*. Com o afastamento do pai, uma boa parte da totalidade do poder que ficara livre passou às mulheres, então surgiu o período do *matriarcado*. Nesse período da "sociedade dos irmãos" a memória do pai continuou viva. Para substituí-lo foi escolhido um animal forte, talvez no início também sempre muito temido. Uma escolha como essa pode nos parecer estranha, mas o abismo que o ser humano criou posteriormente entre ele e o animal não existia para o homem primitivo, e também não existe para nossas crianças, cujas fobias por animais eram entendidas como medo do pai. Na relação com o animal totêmico, a primitiva cisão (ambivalência) da relação afetiva do ser humano com a figura do pai ficou totalmente preservada. Por um lado, como um antepassado físico e um espírito protetor do clã, o totem devia ser poupado e respeitado; por outro, foi instituído um dia de festa em que se dava a ele o mesmo destino do pai primitivo. Ele era morto e devorado por todos os companheiros em conjunto (a refeição totêmica, segundo Robertson Smith).* Na realidade esse grande dia festivo era uma celebração triunfal da vitória dos filhos associados sobre o pai.

Onde, nesse contexto, fica a religião? Com a adoração de um substituto do pai, com a ambivalência produzida pela religião totêmica, com a introdução de celebrações memoriais e proibições, cuja infração era punida pela morte — temos todo o direito de reconhecer no totemismo a primeira forma de manifestação da religião na história

---

* William Robertson Smith (1846-1894) foi um orientalista escocês, estudioso do Antigo Testamento e professor de teologia; um de seus alunos mais notáveis foi James Frazer. (N.T.)

humana, e constatar sua ligação, desde o início, com estruturas sociais e obrigações morais. O desenvolvimento posterior da religião pode ser abordado aqui apenas de forma bem geral. Sem dúvida ele se dá paralelamente aos progressos da espécie humana e às modificações na construção das suas comunidades.

A etapa seguinte ao totemismo é a antropomorfização do ser reverenciado. No lugar dos animais surgem deuses humanos, e sua origem no totem é evidente. O deus ainda é constituído por uma figura animal, pelo menos por um semblante animal, ou o totem torna-se seu acompanhante preferido, inseparável; ou ainda, na lenda, o deus mata justamente esse animal, que afinal era apenas seu antecessor. Num momento não tão facilmente determinável desse desenvolvimento surgem grandes divindades matriarcais, provavelmente ainda antes dos deuses masculinos, e que então se mantém por muito tempo paralelamente a eles. Enquanto isso ocorreu uma grande reviravolta social. O direito matriarcal foi substituído pela ordem patriarcal restaurada. Naturalmente os novos pais nunca alcançaram a onipotência do pai primitivo, pois eram muitos, que viviam juntos em grupos bem maiores do que os da horda; eles tinham de se entender, e seu comportamento era disciplinado por estatutos sociais. Provavelmente as divindades matriarcais surgiram no tempo da restrição do matriarcado, como uma compensação das mães afastadas. Os deuses masculinos aparecem primeiro como filhos, ao lado das grandes mães, só mais tarde eles assumem claramente os traços de figuras paternas. Esses deuses masculinos do politeísmo refletem as condições do período patriarcal. Eles são numerosos, restringem-se mutuamente, e eventualmente sujeitam-se a um deus superior. Mas o passo seguinte nos conduz ao tema que tratamos aqui, o retorno de um único deus pai, que reina absoluto

Devemos admitir que essa visão histórica contém lacunas, e é duvidosa em alguns pontos. Mas quem quisesse declarar nossa construção da história primitiva como meramente fantasiosa, estaria subestimando gravemente a riqueza e a força comprobatória do material incluído nela. Grandes partes do passado, aqui combinadas num todo, são historicamente comprovadas: o totemismo, os grupos de homens, etc. Outras coisas se mantiveram em extraordinárias réplicas. Assim, muitas vezes um escritor deve ter percebido quão fielmente o rito da comunhão cristã, em que o fiel incorpora o sangue e a carne de seu Deus de forma simbólica, repete o sentido e o conteúdo da antiga refeição totêmica. Inúmeros resquícios do esquecido período primitivo conservaram-se nas lendas e contos de fada dos povos, e, numa inesperada abundância, o estudo analítico da vida psíquica infantil forneceu muito material para preencher as lacunas do nosso conhecimento a respeito dos tempos primitivos. Como contribuições ao entendimento do tão significativo relacionamento do ser humano com o seu pai, preciso apenas mencionar as fobias aos animais, o grande temor raramente interpretado como o medo de ser devorado pelo pai, e o intenso medo da castração. Não há nada na nossa construção, que não possa se apoiar em bons fundamentos, que seja algo livremente inventado.

Se aceitarmos como confiável nossa apresentação da história primitiva em sua totalidade, então reconheceremos dois elementos nas doutrinas e nos ritos religiosos: por um lado a ligação com a antiga história das famílias e os resquícios da mesma, e por outro a reprodução do passado, o retorno do que foi esquecido, depois de longos intervalos. A última parte é aquela que até agora foi negligenciada, por isso não foi compreendida, então devemos pelo menos demonstrá-la aqui por meio de um exemplo significativo.

Vale destacarmos especialmente que cada fragmento recuperado do esquecimento impõe-se com uma força especial, exerce uma influência incomparavelmente forte sobre as massas humanas, e apresenta uma pretensão incontestável à verdade, contra a qual a objeção lógica permanece impotente; é do tipo *credo quia absurdum*.* Essa intrigante característica só pode ser entendida segundo o padrão de loucura dos psicóticos. Há muito já entendemos que na loucura esconde-se uma parte de verdade, que no seu retorno preci-

---

* Traduzida do original em latim, a frase é "*acredito porque é um absurdo*". Foi atribuída (erroneamente) a Tetuliano, em seu "*de Carne Christi*". (N.T.)

sou tolerar deturpações e mal entendidos, e que a obsessiva convicção que se produz para a loucura parte desse cerne de verdade e se estende aos enganos que a envolvem. Um conteúdo como esse, de uma verdade chamada de histórica, deve também ser atribuído aos princípios de fé das religiões, que possuem o caráter de sintomas psicóticos, mas que, como fenômenos de massa, estão livres da maldição do isolamento.

Nenhuma outra parte da história da religião tornou-se tão transparente para nós como a implantação do monoteísmo no judaísmo e sua continuação no cristianismo, quando deixamos de lado o compreensível desenvolvimento, sem lacunas, desde o totem animal até o Deus humano, com seu costumeiro acompanhante. (Cada um dos quatro evangelistas cristãos mantém até hoje seu animal preferido).* Se dermos valor, provisoriamente, ao domínio universal faraônico como um estímulo para o surgimento da ideia monoteísta, veremos que esta foi arrancada do seu solo e transmitida a outro povo, adotada por esse povo depois de um longo período de latência, e protegida por ele como uma posse valiosa; por seu lado, ela mantém o povo vivo na medida em que lhe dá de presente o orgulho de ter sido o povo escolhido. É a religião do pai primitivo, à qual se vincula a esperança de

---

* Os animais ligados aos evangelistas são, na sequência determinada por São Jerônimo: Mateus, o homem, Marcos, o leão, Lucas, o touro, e João, a águia. (N.T.)

recompensa, distinção, e finalmente de domínio do mundo. Esta última fantasia já foi abandonada pelo povo judaico há muito tempo, mas continua vivendo junto aos inimigos do povo, na crença da conjuração dos "Sábios de Sião".* Num trecho posterior deste texto veremos como as peculiaridades da religião monoteísta rejeitada pelos egípcios atuaram sobre o povo judaico, e a longo prazo imprimiram nele o seu caráter, com a rejeição da magia e da mística, o estímulo a progressos na espiritualidade, e a exortação à sublimação. E também como o povo, sentindo-se feliz com a posse da verdade, dominado pela consciência de ser o povo eleito, chegou à valorização da intelectualidade e à ênfase da ética, e como os tristes destinos, as reais decepções desse povo fortaleceram todas essas tendências. Mas agora pretendemos acompanhar o desenvolvimento numa outra direção.

A restauração dos direitos históricos do pai primitivo representou um grande progresso, mas não foi o fim. As outras partes da tragédia pré-histórica também insistiam em serem reconhecidas. Não é fácil de se adivinhar o que colocou esse processo em movimento. Parece que uma crescente consciência de culpa começou a se apoderar do povo judaico, e

---

* A conjuração dos Sábios de Sião, ou os Protocolos dos Sábios de Sião, é um texto antissemita que descreve um alegado projeto de conspiração por parte de judeus e maçons para dominarem o mundo ocidental por meio da sua destruição. Foi criado na época da Russia czarista, com o propósito político de reforçar a posição do czar, apresentando alguns dos seus opositores como aliados de uma gigantesca conspiração. Muitas investigações provaram que o texto seria um embuste. (N.T.)

talvez também de todo o mundo cultural da época, como precursor do retorno do conteúdo reprimido. Até que um indivíduo desse povo judaico, ao justificar um agitador político-religioso, aproveitou a ocasião e criou uma nova religião, separando-a do judaismo.

Paulo, um judeu romano de Tarso, retomou essa consciência de culpa e conduziu-a de volta à sua fonte histórica primitiva. Ele a chamou de "pecado original", um crime contra Deus, que só podia ser expiado pela morte. Com o pecado original a morte chegou ao mundo. Na verdade esse crime mortal era o assassinato do pai primitivo, posteriormente divinizado. Mas o que foi lembrado não foi o ato de matar, em vez disso foi fantasiada a sua expiação, e por isso essa fantasia pôde ser bem recebida como uma mensagem de redenção (evangelho). Um filho de Deus deixou-se matar como inocente, e com isso assumiu a culpa de todos. Precisava ser um filho, pois afinal o assassinato foi do pai. Provavelmente as tradições de mistérios orientais e gregos influenciaram o desenvolvimento da fantasia de redenção. O essencial nela parece ter sido a própria contribuição de Paulo. No sentido mais efetivo ele era um homem de disposição religiosa autêntica; os obscuros vestígios do passado estavam à espreita em sua alma, preparados para avançar sobre regiões mais conscientes. O fato do redentor haver se sacrificado mesmo sendo inocente, provavelmente foi uma deturpação tendenciosa que dificultou a compreensão lógica, pois como um inocente do assassinato poderia assumir a culpa dos assassinos, na medida em que ele mesmo permitiu que o matassem? Na realidade histórica não existia essa contradição. O "redentor" não poderia ser outro senão o principal culpado, o chefe do bando dos irmãos, que havia dominado o pai. Na minha opinião devemos deixar em aberto o fato de ter existido ou não um rebelde e principal líder como esse. É bem possível, mas devemos também considerar que cada um dos irmãos do bando certamente tinha o desejo de cometer o crime sozinho, e assim conseguir uma posição de destaque, substituindo a abandonada identificação com o pai, em queda na comunidade. Se não existiu um líder como esse, então Cristo é herdeiro de um desejo fantasioso que permaneceu insatisfeito, e se existiu, então ele é o seu sucessor e a sua reencarnação. Mas tanto faz se é uma fantasia ou o retorno de uma realidade esquecida, em todo caso podemos encontrar aqui a origem do mito do herói, que sempre se levanta contra o pai e sempre o mata, não importa a forma que esse pai tenha assumido.[9] E aqui encontramos também a verdadeira fundamentação da "culpa trágica" do herói no drama, geralmente difícil de provar. Não se pode duvidar que o herói e o coro do drama grego representam esse mesmo herói rebelde e o bando de irmãos, e é bastante significativo que o teatro

---

[9] Ernest Jones chama a atenção para o fato de que o deus Mithras, que mata o touro, poderia representar esse chefe que se vangloria de sua façanha. Todos sabem quanto tempo a veneração de Mithras brigou com o jovem cristianismo pela vitória final.

na Idade Média se reinicia com a representação da história da paixão.

Já dissemos que a cerimônia cristã da sagrada comunhão, na qual o fiel incorpora o sangue e a carne do redentor, reproduz o conteúdo da antiga refeição totêmica, naturalmente não no seu sentido agressivo, mas apenas em seu sentido mais afetivo, que expressa a devoção. A ambivalência que domina a relação com o pai aparece claramente no resultado final da renovação religiosa. Supostamente destinada à reconciliação com o Deus pai, na verdade a renovação resultou na sua destronização e no seu afastamento. O judaísmo havia sido uma religião do pai, o cristianismo tornou-se uma religião do filho. O antigo Deus pai recuou diante do Cristo, e Cristo, o filho, entrou em seu lugar, exatamente como todo filho ansiava fazer naqueles tempos primitivos. Paulo, o continuador do judaísmo, tornou-se também seu destruidor. Certamente ele deveu seu sucesso, em primeira linha, ao fato de ter exorcizado a consciência de culpa da humanidade por meio da ideia da redenção, mas paralelamente também à circunstância de ter renunciado à condição de "eleito", de seu povo, e ao seu sinal físico visível, a circuncisão, para que a nova religião pudesse tornar-se uma religião universal, abrangendo todas as pessoas. Se nesse passo de Paulo também houve a participação de sua vingança pessoal, pela antipatia que sua reforma despertou nos círculos judaicos, a verdade é que com isso foi restaurado o caráter da antiga religião de Aton, eliminando-se uma limitação que ela adquirira na transposição ao seu novo portador, o povo judaico.

Sob alguns aspectos a nova religião representava uma regressão cultural diante da mais antiga, a judaica, como ocorre regularmente na invasão ou na aceitação de novas massas humanas de nível inferior. A religião cristã não manteve a elevada espiritualização à qual havia chegado o judaismo. Deixou de ser rigorosamente monoteísta, adotou inúmeros ritos simbólicos dos povos circundantes, restaurou a grande divindade mãe, e abriu espaço para abrigar muitas figuras divinas do politeísmo numa leve roupagem diferente, mesmo que em posições inferiores. Mas, sobretudo, ela não se fechou, como a religião de Aton e sua sucessora mosaica, à entrada de elementos supersticiosos, mágicos e míticos, o que representou um pesado entrave para o desenvolvimento espiritual nos dois milênios seguintes.

O triunfo do cristianismo foi uma nova vitória dos sacerdotes de Amon sobre o deus de Aquenáton, depois de um intervalo de um milênio e meio, e num cenário bem mais amplo. Mesmo assim, do ponto de vista histórico-religioso, i.e, em relação ao retorno do reprimido, o cristianismo foi um progresso e, de certo modo, daí em diante a religião judaica tornou-se um fóssil.

Valeria a pena o esforço para se entender por que a religião monoteísta causou uma impressão tão profunda justamente no povo judaico, e foi mantida por ele com tanta tenacidade. Acredito que seja possível responder a essa pergunta. O destino aproximou o povo judaico da façanha e da atrocidade dos tempos primitivos, ou seja, o assassinato do pai, na medida em que o reproduziu fazendo a mesma coisa com Moisés, uma excepcional figura de pai. Era o caso de "agir" em vez de lembrar, como ocorre tão frequentemente durante a atividade analítica com os neuróticos. Mas com o estímulo à lembrança que a doutrina de Moisés lhes trouxe, eles reagiram com a negação da ação, limitaram-se ao reconhecimento do grande pai bloqueando o acesso ao local em que Paulo, mais tarde, daria continuidade à história primitiva. Não é acaso nem coincidência que o violento assassinato de outro grande homem também tivesse se tornado o ponto de partida para a renovação religiosa de Paulo. Era um homem que, um pequeno número de adeptos na Judeia acreditava ser o filho de Deus e o anunciado Messias, a quem mais tarde também transferiu-se uma parte da suposta história da infância de Moisés, e sobre o qual quase nada sabemos ao certo, além do que sabemos sobre o próprio Moisés; ignoramos se ele foi mesmo o grande mestre descrito pelos evangelistas, ou se o episódio e as circunstâncias de sua morte não foram muito mais determinantes para a importância que a sua pessoa adquiriu. Paulo, que se tornou seu apóstolo, nem chegou a conhecê-lo.

O assassinato de Moisés pelo seu povo judaico,[10] reconhecido por Sellin a partir de indícios na

---

[10] *ISRAEL IN DER WÜSTE* (Israel no deserto) vol. 7 da edição de Weimar, p. 170.

tradição, e estranhamente também suposto pelo jovem Goethe, sem nenhuma prova, tornou-se assim uma parte imprescindível de nossa construção, um importante elo entre o caso esquecido dos tempos primitivos e o posterior reaparecimento sob o formato das religiões monoteístas.[11] É uma suposição atraente, a de que o arrependimento do assassinato de Moisés tenha produzido o estímulo para a criação da fantasia do Messias, que deveria retornar e trazer ao seu povo a redenção e o prometido domínio do mundo. Se Moisés foi esse primeiro Messias, então Cristo tornou-se seu substituto e sucessor, e então Paulo, com um certo direito histórico, poderia clamar aos povos: "Vejam, o Messias veio de fato, ele foi assassinado diante dos seus olhos." Então há também uma parcela de verdade histórica na ressurreição de Cristo, pois ele era o pai da horda primitiva que retornava, transfigurado como filho e colocado no lugar do pai.

O pobre povo judaico que, com a obstinação habitual, continuava a negar o assassinato do pai, penitenciou-se pesadamente por isso ao longo do tempo. Eram sempre objeto de incriminação: vocês mataram nosso Deus. Essa acusação estava correta, quando a interpretamos corretamente. Então, com relação à história das religiões, ela quis dizer: vocês não querem *admitir* que mataram o seu Deus (a

---

[11] Veja, a esse tema, as conhecidas explicações de Frazer, *THE GOLDEN BOUGH* (O cálice dourado) vol. III, *The Dying God*. (O deus moribundo).

imagem primitiva de Deus, o pai primitivo, e suas reencarnações posteriores). Uma complementação afirmaria: naturalmente nós fizemos a mesma coisa, mas a *admitimos*, e desde então fomos absolvidos.

Nem todas as acusações com as quais o antissemitismo persegue os descendentes do povo judaico podem invocar uma justificativa semelhante a essa. Um fenômeno com a intensidade e a durabilidade desse ódio aos judeus naturalmente deve ter mais de um motivo. Podemos presumir toda uma série de motivos, alguns claramente derivados da realidade e que por isso não necessitam de explicações, outros mais profundos, provenientes de fontes secretas, que tenderíamos a identificar como motivos específicos. Dentre os primeiros, a crítica à condição de estranhos no país é o mais frágil, pois em muitos lugares hoje dominados pelo antissemitismo os judeus constituem a parcela mais antiga da população, ou já se encontravam no local antes dos habitantes mais recentes. Isso é verdade, por exemplo, na cidade de Colônia, onde os judeus chegaram junto com os romanos, antes ainda dela ser ocupada pelos germanos. Outros fundamentos do ódio aos judeus são mais fortes, como o fato deles viverem, na maioria das vezes, como minorias no meio de outros povos, pois o sentimento de comunidade das massas, para estar completo, precisa da hostilidade contra uma minoria externa, e a fraqueza numérica desses excluídos é um convite à sua opressão. Mas duas outras particularidades dos judeus são imperdoáveis. Primeiro, que sob alguns aspectos eles diferem muito de seus "povos anfitriões". Não são diferenças básicas, pois eles não são asiáticos de uma raça totalmente estranha, como alegam os seus inimigos, mas em sua maioria compostos por restos de povos mediterrâneos e herdeiros da cultura mediterrânea. Mesmo assim eles diferem, muitas vezes de uma forma indefinida, sobretudo dos povos nórdicos, e curiosamente a intolerância das massas é expressa com mais força contra pequenas diferenças do que contra diferenças fundamentais. Mais forte ainda é o segundo ponto, em que eles desafiam os opressores, dizendo que as mais terríveis perseguições não conseguiram exterminá-los, sim, que eles até demonstram possuir a capacidade de se impor na vida econômica e, em todos os lugares em que são recebidos, dão valiosas contribuições para todas as realizações culturais.

Os motivos mais profundos do ódio aos judeus atuam no inconsciente dos povos, estão enraizados em um passado muito remoto; entendo que no início eles até não parecerão dignos de crédito. Eu me atrevo a supor que o ciúme que sentiram do povo que se fez passar pelo filho primogênito, preferido do Deus pai, hoje ainda não foi superado entre os outros povos, que agem como se tivessem acreditado nessa pretensão.

Além disso, dentre os costumes pelos quais os judeus se apartavam dos outros, o da circuncisão deixou uma impressão desagradável, sinistra, que lembrava a advertência à temida castração e com isso evocava uma parte do passado primitivo, que preferiam esquecer. E finalmente o motivo mais recente dessa série: não devemos esquecer que todos esses povos que hoje se sobressaem no ódio ao judaísmo tornaram-se cristãos só em épocas históricas mais tardias, muitas vezes coagidos com violência, em eventos sangrentos. Poderíamos dizer que são todos "mal batizados", mas sob uma fina camada de cristianismo eles continuaram sendo o que seus antepassados foram no passado, prestando homenagens a um bárbaro politeísmo. Eles não superaram o rancor contra a nova religião que lhes fora imposta, mas deslocaram-no para a fonte pela qual ela chegara a eles. O fato dos evangelhos contarem uma história que na verdade só ocorre entre judeus e só trata de judeus, facilitou-lhes essa atitude. Seu ódio aos judeus é basicamente um ódio aos cristãos, e não precisamos nos admirar se na revolução nacional-socialista alemã essa relação tão estreita entre as duas religiões monoteístas encontra uma expressão tão clara no tratamento hostil entre elas.

3.1.5 As dificuldades

Talvez neste texto até tenhamos sido bem sucedidos ao apresentarmos a analogia entre os processos neuróticos e os acontecimentos religiosos, apontando com isso a inesperada origem destes últimos. Nessa transposição da psicologia individual à psicologia de massas destacam-se duas dificuldades de naturezas e pesos diversos, às quais devemos nos dedicar agora. A primeira é que tratamos apenas de um único caso da abundante fenomenologia das religiões, e não jogamos nenhuma luz sobre os outros. Com muito pesar o autor deve reconhecer que não pode mais apresentar nenhuma outra prova além dessa, que seu conhecimento especializado não é suficiente para completar a investigação. A partir de seu limitado conhecimento, ele até pode acrescentar que o caso da fundação da religião muçulmana parece-lhe uma resumida repetição da judaica, da qual ela surgiu, como uma imitação. Parece que o profeta originalmente tinha o objetivo de adotar o judaísmo na sua totalidade, para si e seu povo. Entre os árabes, a reconquista do único grande pai primitivo promoveu uma extraordinária elevação da autoestima, o que os conduziu a grandes êxitos mundiais, mas também se exauriu neles. Alá mostrou-se a seu povo eleito muito mais grato do que na época Jeová se mostrou ao seu. Mas o desenvolvimento interno da nova religião logo se deteve, talvez porque lhe tivesse faltado um aprofundamento, o que no caso da religião judaica motivara o assassinato do seu fundador. Em sua essência as religiões ocidentais, aparentemente racionalistas, são cultos de antepassados, portanto estacionam numa antiga etapa da reconstrução do passado. Se for correto que entre os povos primitivos da atualidade o reconhecimento de um ser superior é o único conteúdo de sua religião, então podemos entender isso apenas como uma atrofia do desenvolvimento religioso, e relacioná-los com os inúmeros casos de neuroses rudimentares que constatamos naquela outra área. Por que não houve uma evolução em ambos os casos, é algo que foge à nossa compreensão. Podemos pensar em responsabilizar os dotes individuais desses povos, o direcionamento de suas atividades e suas condições sociais gerais. Aliás, é uma boa regra do trabalho analítico, satisfazer-nos com a explicação do existente e não nos esforçarmos tanto em esclarecer o que não aconteceu.

A segunda dificuldade nessa transposição à psicologia de massas é bem mais significativa, porque levanta uma questão de princípio. A pergunta que se apresenta é a que diz respeito ao formato da efetiva tradição na vida dos povos, uma pergunta que não existe no caso do indivíduo, pois nele ela foi resolvida graças à existência dos vestígios de lembranças do passado no inconsciente. Vamos voltar ao nosso exemplo histórico. Fundamentamos o compromisso de Cades na continuação de uma poderosa tradição dos emigrantes que retornaram do Egito. Esse caso não apresenta nenhum problema. De acordo com a nossa suposição, essa tradição apoia-se numa lembrança consciente de relatos orais, que os que viviam na época haviam recebido de seus antepassados de duas ou três gerações anteriores, que haviam participado dos respectivos acontecimentos e os testemunhado. Mas será que podemos acreditar que tenha ocorrido o mesmo nos séculos posteriores, que a tradição sempre teve como base a transmissão normal de um conhecimento, de avô para neto? Porém não é mais possível indicar, como no caso anterior, as pessoas que preservavam esse conhecimento e o transmitiam oralmente. Segundo Sellin, a tradição do assassinato de Moisés sempre existiu nos círculos sacerdotais, até que finalmente ela foi expressa por escrito, a única coisa que possibilitou a Sellin a sua descoberta. Mas ela deve ter sido conhecida apenas por poucos, pois não era um patrimônio do povo. Mas será que isso é suficiente para explicar o seu efeito? Podemos atribuir a esse conhecimento de poucos o poder de aderir às massas de forma tão duradoura, quando chega aos seus ouvidos? Parece-nos muito mais que na massa inculta deveria haver algo semelhante ao conhecimento daqueles poucos, e que vem ao seu encontro quando é expressado.

O julgamento fica mais difícil quando nos voltamos para um caso análogo dos tempos primitivos. Temos certeza de que ao longo dos milênios esqueceram-se de que existiu um pai primitivo com as já conhecidas particularidades, e de qual teria sido o seu destino; também não podemos supor que existiu alguma tradição oral, como no caso de Moisés. Em que sentido então essa tradição poderia interessar? Sob qual formato ela pode ter existido?

Para facilitar isso tudo aos leitores, que não querem ou não estão preparados para se aprofundarem numa complicada matéria psicológica, vou antecipar o resultado da investigação a seguir. Quero dizer, nesse ponto a concordância entre o indivíduo e a massa é quase total, pois também nas massas a impressão do passado permanece preservada nos vestígios inconscientes das lembranças.

Acreditamos ver isso claramente nos indivíduos. As pistas da lembrança daquilo que eles vivenciaram muito cedo permanecem preservadas, só que numa condição psicológica especial. Podemos dizer que o indivíduo sempre soube disso, assim como sabemos o que foi reprimido. Temos uma determinada ideia, facilmente comprovada pela análise, de como algo pode ser esquecido e como pode surgir depois de um certo tempo. O que foi esquecido não foi apagado, mas apenas "reprimido"; os vestígios de sua lembrança continuam existindo com todo frescor, apenas estão isolados por "investimentos contrários". Eles não podem trafegar com outros processos intelectuais, são inconscientes, inacessíveis à consciência. Pode ser também que determinadas partes do que foi reprimido subtraem-se ao processo e permanecem acessíveis, eventualmente aparecem no consciente, mas então também são isoladas, como corpos estranhos sem conexão com os outros. Isso pode ser assim, mas não precisa ser assim. A repressão também pode ser total, e vamos considerar essa possibilidade no que segue.

O reprimido preserva seu ímpeto, sua força de se tornar consciente. Ele chega a isso em três ocasiões:

1. Quando a força do investimento contrário é reduzida por meio de processos patológicos que acometem o outro, assim chamado *eu*, ou por meio de uma outra distribuição das energias de investimento nesse *eu*, como ocorre regularmente no estado de sono;

2. Quando as partes do impulso presas ao material reprimido passam por um fortalecimento especial; os processos que ocorrem durante a puberdade constituem o melhor exemplo disso;

3. Quando, em vivências recentes, surgem a qualquer momento impressões de experiências tão semelhantes ao que foi reprimido, que este pode até despertar. Então essas vivências recentes fortalecem-se com a energia latente do que foi reprimido, que por sua vez, com a ajuda da própria vivência recente, volta a atuar por trás dela.

Em nenhum desses três casos o conteúdo reprimido chega à consciência inalterado, por inteiro, mas precisa sempre sofrer deturpações que denotam a influência da resistência, não totalmente superada, do investimento contrário, ou a influência modificadora da vivência recente, ou até de ambos.

Como critério e apoio à nossa orientação, servimo-nos da distinção entre um processo psíquico consciente e um inconsciente. O reprimido é inconsciente. Seria uma simplificação bem vinda se essa frase também permitisse uma inversão, portanto, se a diferença das qualidades do que é consciente ou inconsciente coincidisse com a separação entre o pertencente ao *eu* e o reprimido. O fato de existirem na nossa vida psíquica essas coisas isoladas e inconscientes já seria suficientemente novo e importante. Na verdade, isso é bem mais complicado. É certo que tudo que foi reprimido é inconsciente, mas não é certo que tudo que pertence ao *eu* é consciente. Notamos que a consciência é uma qualidade fugaz, ligada a um processo psíquico apenas de forma transitória. Por isso, para nossos propósitos, devemos substituir "consciente" por "capaz de consciência", e chamar essa qualidade de "pré-consciente". Então diremos, mais corretamente, que o *eu* é essencialmente pré-consciente (virtualmente consciente), mas que partes do *eu* são inconscientes.

Essa última constatação nos ensina que as qualidades às quais nos apegamos até agora não são suficientes para a orientação na escuridão da vida psíquica. Precisamos introduzir outra diferenciação que não seja mais qualitativa, porém *topológica*, e ao mesmo tempo *genética*, o que lhe confere um valor especial. Agora vamos separar em nossa vida psíquica, que entendemos como um aparato composto por várias instâncias, circunscrições e províncias, uma região que na verdade chamamos de "*eu*" (ego), e outra que chamamos de "*isso*" (Id). O *isso* é a mais antiga, e, como uma camada de córtex, o *eu* se desenvolveu a partir dele, pela influência do mundo externo. No *isso* atuam todos os nossos impulsos primitivos, e todos os processos ocorrem inconscientemente. E como já mencionamos antes, o *eu* está coberto pelo âmbito do pré-consciente, ele contém partes que normalmente permanecem inconscientes. Nos processos psíquicos do *isso* e em sua influência mútua, vigoram leis totalmente diversas daquelas que predominam no *eu*. Na verdade, foi a descoberta dessas diferenças que nos conduziu à nossa nova concepção, e que a justifica.

O que foi reprimido deve ser atribuído ao *isso*, e também se submete aos mesmos mecanismos, separando-se dele apenas sob o aspecto da gênese. A diferenciação se realiza cedo, enquanto o *eu* se desenvolve a partir do *isso*. Então uma parte do conteúdo do *isso* é assumido pelo *eu* e elevado até o estado pré-consciente, outra parte não é atingida por essa transposição e fica para trás, no *isso*, como o inconsciente em si. No restante do curso da formação do *eu* certas impressões e processos psíquicos são excluídos, por meio de um processo de defesa; o caráter de pré-consciente lhes é subtraído, de modo que, por seu lado, eles são novamente rebaixados a partes componentes do *isso*. Portanto, constituem-se nas partes reprimidas no *isso*. Quanto ao trânsito entre as duas províncias psíquicas, podemos supor que, por um lado, o processo inconsciente no *isso* é elevado ao nível do pré-consciente e incorporado ao *eu*, e por outro, o pré-consciente no *eu* faz o caminho inverso e pode ser deslocado de volta ao *isso*. Que mais tarde se delimite uma região especial no *eu*, a do "superego", é algo que está fora de nossa atual área de interesse.

Tudo isso pode parecer muito distante da simplicidade, mas quando nos familiarizamos com a incrível concepção espacial do aparelho psíquico, não se apresenta à nossa imaginação nenhuma dificuldade especial. Quero acrescentar ainda a observação de que o tópico psíquico aqui desenvolvido não tem nada a ver com a anatomia do cérebro, na verdade o toca apenas de leve num ponto. O insatisfatório nessa ideia, que eu percebo tão nitidamente quanto qualquer outra pessoa, parte de nossa total ignorância sobre a natureza *dinâmica* dos processos psíquicos. Dizemos a nós mesmos que aquilo que diferencia uma ideia consciente de uma pré-consciente, e esta de uma inconsciente, nada pode ser além de uma modificação, talvez uma outra distribuição da energia psíquica. Falamos de investimentos e transposições, mas para além disso falta-nos qualquer conhecimento e até qualquer princípio para uma hipótese de trabalho prestável. Sobre o fenômeno da consciência, podemos dizer que originalmente ele se liga à percepção. Todas as sensações que surgem pela percepção de dores, pelo tato, pela audição ou pela visão, são as mais conscientes. Os processos de pensamento e o que puder ser análogo a eles no *isso*, são na verdade inconscientes, e conseguem acessar o consciente por meio da sua ligação com restos de lembranças de percepções da visão e da audição, ou pelo caminho da função da fala. No animal, que não fala, as condições serão mais simples.

As impressões dos traumas precoces dos quais partimos, ou não foram transpostos ao pré--consciente, ou então foram logo deslocados, pela repressão, de volta ao estado do *isso*. Então seus restos de lembranças são inconscientes e atuam a partir do *isso*. Acreditamos poder acompanhar bem o seu destino futuro, quando se tratam de vivências próprias das pessoas. Mas uma nova complicação se apresenta quando nossa atenção é voltada à probabilidade de que, na vida psíquica do indivíduo, possam atuar não apenas conteúdos de vivências próprias, mas também os trazidos pelo nascimento, componentes de origem filogenética, uma assim chamada *herança arcaica*. Então surgem as perguntas: no que ela consiste, o que contém, quais são suas comprovações?

A resposta mais imediata e correta afirma que ela consiste de determinadas disposições próprias de todos os seres vivos. Portanto, na capacidade e na tendência para assumir determinadas direções de desenvolvimento e de reagir de uma forma específica a determinados estímulos, impressões e sensações. Como a experiência nos mostra que nos indivíduos da espécie humana existem diferenças, sob esses aspectos, a herança arcaica inclui essas diferenças que representam o que identificamos como o momento *constitucional* em cada indivíduo. Como todas as pessoas, pelo menos na infância, vivenciam mais ou menos as mesmas coisas, e também reagem a isso de forma semelhante, poderíamos perguntar se não deveríamos atribuir essas reações à herança arcaica, junto com suas diferenças individuais. Devemos rejeitar essa dúvida; nosso conhecimento sobre a herança arcaica não será enriquecido pelo fato concreto dessas igualdades.

Entretanto, a pesquisa analítica chegou a alguns resultados que nos dão o que pensar. Primeiro, a generalidade do simbolismo da fala. A representação simbólica de um objeto por outro — o mesmo ocorre com a execução de certas tarefas — é constante em todas as nossas crianças, e de certa forma óbvio. Não podemos provar como aprenderam isso, e em muitos casos precisamos admitir que um aprendizado desse tipo seria impossível. Trata-se de um conhecimento primitivo, que depois o adulto esquece. É certo que ele utiliza os mesmos símbolos em seus sonhos, mas não consegue compreendê-los se o analista não os interpretar para ele, mesmo assim não gosta de dar crédito a essa interpretação. Quando ele se serve de uma das tão frequentes formas de fala em que esse simbolismo se fixou, deve admitir que seu verdadeiro sentido lhe escapa totalmente. O simbolismo também se propaga para além das diversidades das linguagens; provavelmente as investigações demonstrariam que ele está disseminado em todos os lugares, e que é o mesmo em todos os povos. Portanto, aqui parece ocorrer um caso evidente de herança arcaica dos tempos do desenvolvimento da linguagem. Mesmo assim, ainda poderíamos tentar outra explicação. Poderíamos dizer que são relações mentais entre conceitos que se produziram durante o desenvolvimento histórico da linguagem, e que devem ser repetidos todas as vezes em que houver um desenvolvimento individual da linguagem. Então seria um caso de herança de uma predisposição mental, como é geralmente uma predisposição instintual, e não seria nenhuma nova contribuição ao nosso problema.

Mas o trabalho analítico também trouxe à tona o que, em sua envergadura, vai além do que existe até hoje. Quando estudamos as reações aos antigos traumas, muitas vezes nos surpreendemos ao ver que eles não se mantém rigorosamente ligados ao que foi de fato vivenciado pelo indivíduo, mas que se distanciam dele de uma forma que combina bem melhor com o modelo de um evento filogenético, e geralmente só pode ser explicado por meio de sua influência. O comportamento da criança neurótica em relação aos seus pais, nos complexos de Édipo e de castração, é constituído de abundantes reações desse tipo, que individualmente parecem injustificados, e só se tornam filogeneticamente compreensíveis pela referência à vivência de antigas gerações. Valeria a pena o esforço de apresentar ao público a compliação desse material, ao qual me refiro aqui. Sua base comprobatória parece-me forte o bastante para ousarmos dar o passo seguinte, e apresentarmos a suposição de que a herança arcaica do ser humano não abrange apenas predisposições, mas também conteúdos, vestígios de lembranças de vivências de antigas gerações. Com isso a extensão e também o significado da herança arcaica aumentariam de forma significativa.

Num exame mais minucioso, devemos admitir que há muito tempo nos comportamos como se a herança dos vestígios de lembranças das vivências dos nossos avós, independente de uma transmissão direta e da influência da educação pelo exemplo, não estaria em questão. Quando falávamos da continuidade de uma antiga tradição de um povo, da formação do caráter de um povo, geralmente imaginávamos uma tradição herdada como essa e não uma transmitida pela comunicação. Ou pelo menos não diferenciávamos as duas, e não tínhamos a necessária clareza da nossa audácia ao incorrermos nessa negligência. Aliás, nossa situação vem sendo dificultada pela posição atual das ciências biológicas, que não admite a herança, pelos descendentes, de características adquiridas. Mas em toda nossa modéstia admitimos que, apesar disso, não podemos prescindir desse fator no desenvolvimento biológico. Os dois casos não são a mesma coisa; por um lado são características adquiridas, de difícil compreensão, e pelo outro são vestígios de lembranças de impressões externas, ao mesmo tempo mais palpáveis. Mas é provável que basicamente não possamos imaginar um sem o outro. Quando admitimos a continuidade desses vestígios de lembranças na herança arcaica, transpomos a ponte sobre o abismo entre a psicologia individual e a de massas, e podemos tratar os povos como tratamos o neurótico individual. Não temos, no momento, nenhuma prova mais forte para os vestígios de lembranças na herança arcaica do que aqueles restos que surgem do trabalho analítico, e que necessitam de uma derivação da filogênese; mesmo assim essa prova nos parece forte o bastante para postularmos esse estado de coisas. De outra forma não conseguiremos avançar um único passo no caminho que percorremos, tanto na análise quanto na psicologia de massas. É uma ousadia inevitável.

Afirmando isso, fazemos outra coisa também. Reduzimos o amplo abismo criado antigamente entre o ser humano e o animal pela arrogância humana. Quando os assim chamados instintos dos animais, que desde o início permitem-lhes comportar-se na nova situação de vida como se fosse uma antiga, há muito conhecida, e quando essa vida instintiva dos animais no geral permite uma explicação, então ela só pode ser a de que eles trazem as vivências de sua espécie à nova existência, portanto, de que preservaram em si lembranças daquilo que foi vivenciado por seus antepassados. No animal humano as coisas não seriam basicamente diferentes; a sua herança arcaica corresponde aos instintos dos animais, mesmo que ela tenha outra dimensão e outro conteúdo.

Depois dessas reflexões não me preocupo em expressar que os seres humanos sempre souberam — daquela forma especial — que um dia tiveram um pai primitivo e o mataram.

Devemos responder a outras duas perguntas. Primeiro, sob quais condições uma lembrança como essa penetra na herança arcaica; segundo, em quais situações ela pode se tornar ativa, isto é, avançar até a consciência, a partir do seu estado inconsciente no *"isso"*, mesmo modificada e desfigurada?

A resposta à primeira pergunta é fácil de ser formulada: quando o evento foi suficientemente importante ou se repetiu com frequência, ou ambos. No caso do assassinato do pai ambas as condições são preenchidas.

Quanto à segunda pergunta, devemos observar que podem ser levadas em conta inúmeras influências que não são necessariamente todas conhecidas, e também pode-se pensar num processo espontâneo, em analogia ao de algumas neuroses. Mas com certeza é de importância decisiva o despertar dos vestígios de lembranças esquecidas, por meio de uma repetição real recente dos acontecimentos. Uma repetição desse tipo foi o assassinato de Moisés; mais tarde a suposta execução, pela justiça, de Jesus Cristo, de modo que esses acontecimentos avançam ao primeiro plano, como causas. É como se a gênese do monoteísmo não pudesse prescindir desses acontecimentos. Somos lembrados da expressão do poeta:

O que deve viver na imortalidade da canção, deve declinar na vida.[12]

---

[12] Schiller, *DIE GÖTTER GRIECHENLANDS*. (Os deuses da Grécia).

No final um comentário, que traz um argumento psicológico. Uma tradição baseada unicamente na comunicação não poderia produzir o caráter repressivo próprio dos fenômenos religiosos. Ela seria ouvida, julgada, eventualmente rejeitada como qualquer outra informação vinda de fora, mas nunca alcançaria o privilégio da libertação da obrigatoriedade do pensamento lógico. Ela precisaria primeiro ter passado pelo destino da repressão, pelo estado de permanência no inconsciente, antes de, ao retornar, desenvolver efeitos tão poderosos a ponto de prender as massas ao seu fascínio, como observamos espantados na tradição religiosa e, até agora, sem compreendê-lo. Essa reflexão tem grande importância para nos fazer acreditar que as coisas realmente aconteceram assim, ou pelo menos de modo semelhante, como nos empenhamos em descrever.

3.2 Segunda parte: resumo e recapitulação

Essa sequência do estudo não pode ser publicada sem amplas explicações e desculpas. Na verdade ela nada é além de uma fiel e literal recapitulação da primeira parte, abreviada em algumas análises mais críticas e acrescida de complementos referentes ao problema do surgimento do caráter especial do povo judeu. Eu sei que uma apresentação desse tipo é tão inconveniente quanto pouco artística. Eu até a desaprovo, irrestritamente.

Então por que não a evitei? Para mim a resposta não é difícil de encontrar, mas não é fácil de admitir. Eu não estava em condições de apagar os vestígios da história tão incomum do surgimento deste trabalho.

Na verdade ele foi escrito duas vezes. Pela primeira vez há alguns anos em Viena, onde eu não acreditava na possibilidade de poder publicá-lo. Decidi deixá-lo de lado, mas ele me torturou como uma alma penada, então encontrei a saída dividindo-o em duas partes independentes, posteriormente publicadas na nossa revista *Imago*: a introdução psicanalítica do todo ("Moisés, um egípcio") e a construção histórica baseada nela ("Se Moisés fosse um egípcio..."). O resto, que na verdade apresentava o conteúdo mais chocante e perigoso, a aplicação à gênese do monoteísmo e a concepção da religião em geral, eu mantive resguardado, e como imaginei, para sempre. Então em março de 1938 ocorreu a inesperada invasão alemã; ela me obrigou a abandonar minha pátria, mas também me libertou da preocupação de uma possível proibição da psicanálise, ali onde ainda era permitida, por causa das minhas publicações. Logo que cheguei à Inglaterra, senti a tentação irresistível de tornar acessível ao público a minha contida sabedoria do mundo, e comecei a reelaborar a terceira parte do estudo, como complementação das duas já publicadas. Naturalmente isso requeria também uma parcial reordenação do material. Porém não consegui abrigar a matéria inteira nessa segunda elaboração; por outro lado, não consegui me decidir a renunciar totalmente aos textos anteriores, e assim tive a ideia de juntar um texto inteiro da primeira apresentação sem alterações, ao segundo, mas com a desvantagem de uma ampla recapitulação.

Então eu poderia me consolar considerando que, em todo caso, as coisas aqui tratadas eram tão novas e tão significativas, independentemente do quanto minha apresentação pudesse estar correta, que não seria nenhuma desgraça se o público fosse levado a lê-las duas vezes. Existem coisas que devem ser ditas mais de uma vez, e que nunca são ditas suficientemente. Mas o leitor deve poder decidir livremente se quer se demorar sobre o objeto ou voltar depois a ele. Não, ele não deve insinuar que estamos lhe impondo a mesma coisa duas vezes no mesmo livro. Isso é uma falta de habilidade pela qual devemos assumir a culpa. Infelizmente a força criativa de um autor nem sempre segue a sua vontade; a obra se desenvolve como pode, e muitas vezes se apresenta diante do autor como se fosse independente, e até mesmo estranha.

3.2.1 O povo de Israel

Quando temos clareza de que um procedimento como o nosso, de extrair do material transmitido o que nos parece útil e rejeitar o que não nos serve, e depois compor as peças avulsas de acordo com a probabilidade psicológica — uma técnica que não nos dá nenhuma certeza de encontrar a verdade — então nos perguntamos, com razão, para que assumimos afinal esse tipo de trabalho. A resposta remete ao seu resultado. Quando mitigamos amplamente o rigor das exigências de uma pesquisa histórico-psicológica, talvez se torne possível esclarecermos os problemas que sempre pareceram dignos de atenção, e que, em função de eventos recentes, impõem-se novamente ao observador. Sabemos que, de todos os povos que na Antiguidade viveram ao redor da bacia do Mediterrâneo, o povo judeu é praticamente o único que ainda existe hoje, com o mesmo nome e a mesma substância. Com uma capacidade de resistência sem precedentes eles enfrentaram desgraças e maus tratos e, com isso, desenvolveram traços de caráter especiais; porém, paralelamente, angariaram a intensa antipatia de todos os outros povos. Gostaríamos muito de entender melhor de onde vem essa capacidade vital dos judeus, e como seu caráter tem a ver com seu destino.

Podemos partir de um traço de caráter dos judeus que domina seu relacionamento com os outros. Não há dúvida de que eles possuem uma opinião especialmente elevada de si mesmos, consideram-se mais nobres, mais elevados e superiores, acima dos outros, dos quais estão separados em função de muitos de seus costumes.[1] Entretanto, eles são animados por uma confiança muito especial na vida, como aquela conferida pela posse secreta de um bem muito valioso, uma espécie de otimismo; os devotos a chamariam de confiança em Deus.

Conhecemos o motivo desse comportamento, e sabemos qual é o seu tesouro secreto. Eles se consideram verdadeiramente o povo escolhido por Deus, acreditam estar especialmente próximos a Ele, e isso os torna orgulhosos e confiantes. De acordo com informações fidedignas, nos tempos do helenismo eles já se comportavam como hoje,

---

[1] A difamação tão frequente, nos tempos antigos, de que os judeus seriam "leprosos" (Manetho) tem o sentido de uma projeção. "Eles se mantém afastados de nós, como se fossemos leprosos".

portanto, o judeu já estava formado naquela época, e os gregos, entre os quais e ao lado dos quais viviam, reagiam às peculiaridades judaicas do mesmo modo que os "povos anfitriões" de hoje. Poderíamos dizer que eles reagiam como se também acreditassem na prerrogativa que o povo de Israel reivindicava para si. Quando ele se declara o preferido do temido Pai, não deve causar espanto que os irmãos fiquem enciumados, e a lenda judaica de José e seus Irmãos já nos mostra até onde esse ciúme pode levá-los. O desenrolar da história mundial parece justificar a presunção judaica, pois quando, mais tarde, Deus quis enviar à humanidade um messias e redentor, escolheu-o dentre o povo judeu. Na época, os outros povos teriam tido o incentivo de dizer a si mesmos: "De fato, eles tinham razão, eram mesmo o povo escolhido por Deus." Mas em vez disso, a redenção por Jesus Cristo só produziu um fortalecimento de seu ódio aos judeus, enquanto os próprios judeus não obtiveram nenhuma vantagem com essa segunda prerrogativa, já que não reconheceram o redentor.

Com base em nossas explicações anteriores, podemos afirmar que foi Moisés quem imprimiu esse traço tão significativo para toda a vida futura do povo judeu. Ele elevou sua autoestima com a garantia de que eram o povo escolhido por Deus, atribuiu-lhes a santidade e obrigou-os a se apartarem dos outros. Não é que houvesse uma carência de autoestima nos outros povos. Exatamente como hoje, naquela época cada nação julgava-se melhor do que qualquer outra. Mas com Moisés a autoestima dos judeus obteve um suporte religioso, tornou-se uma parte de sua crença religiosa. Com o relacionamento especialmente íntimo com seu Deus, eles obtiveram uma participação em sua grandeza. E como sabemos que por trás do Deus que escolheu os judeus e os libertou do Egito está a pessoa de Moisés, que supostamente fez tudo isso como uma missão atribuída a ele por esse Deus, ousamos dizer que foi esse mesmo homem Moisés que criou os judeus. A ele o povo judeu deve sua tenacidade, mas também muito da hostilidade que sempre sofreu e ainda sofre.

3.2.2 O grande homem

Como é possível que um único homem tenha desenvolvido uma eficácia tão extraordinária, a ponto de formar todo um povo a partir de indivíduos e famílias aleatórias, imprimindo nele seu caráter definitivo e determinando seu destino por milênios? Será que essa suposição não é um retrocesso ao modo de pensar que deu origem aos mitos de criação e à veneração dos heróis, aos tempos em que a escrita histórica se esgotava na narrativa dos feitos e dos destinos de indivíduos, regentes ou conquistadores? A tendência dos novos tempos é muito mais a de relacionar os eventos da história da humanidade a momentos mais ocultos, generalizados e impessoais, à influência obrigatória de condições econômicas, mudanças nutricionais, progressos na utilização de materiais e ferramentas, migrações impostas pelo aumento populacional e mudanças climáticas. Ao indivíduo não é atribuído nenhum outro papel além daquele de um expoente ou representante de movimentos de massa, que necessariamente precisavam encontrar sua expressão, e a encontravam nele apenas casualmente.

Esses são pontos de vista bastante razoáveis, mas nos levam a pensar em uma significativa divergência entre a postura do nosso órgão do pensamento e a organização do mundo, que deve ser captada por meio de nosso pensamento. Para a nossa necessidade causal, certamente categórica, basta que cada evento tenha *uma única* causa comprovável. Mas na realidade externa a nós isso é muito raro; o mais frequente é que cada evento pareça sobredeterminado, revele-se como o efeito de várias causas convergentes. Constrangida com a imensa complicação do evento, a nossa pesquisa toma o partido de uma relação contra outra, estabelece contradições inexistentes, que surgiram apenas por causa da ruptura de relações mais abrangentes.[2] Portanto, quando a análise de um determinado caso comprova a existência da extraordinária influência de uma personalidade

---

[2] Mas quero protestar contra o mal entendido. É como se eu quisesse dizer que o mundo é tão complicado, que toda afirmação que apresentamos deve corresponder a um pedaço da verdade em algum lugar. Não, nosso pensamento reservou-se o direito à liberdade de buscar dependências e relações que não correspondem a nada na realidade, e provavelmente dá um valor muito elevado a esse dom, pois utiliza-o profusamente tanto dentro quanto fora da ciência.

individual, nossa consciência não precisa nos acusar de que, com essa suposição, afrontamos o significado teórico daqueles fatores gerais, mais impessoais. Fundamentalmente há espaço para ambos. Certamente, no caso da gênese do monoteísmo não podemos apontar para nenhum outro momento externo além do já mencionado, de que esse desenvolvimento está ligado à produção de relacionamentos mais estreitos entre diferentes nações e à construção de um grande reinado.

Portanto, mantivemos a posição do "grande homem" na cadeia, ou melhor, na rede das causalidades. Mas talvez não seja totalmente inútil perguntarmos sob quais condições lhe conferimos essa denominação honrosa. Ficamos surpresos ao descobrir que não é muito fácil responder a essa pergunta. Uma primeira formulação — quando uma pessoa possui em elevada medida as características que valorizamos especialmente — aparentemente é inadequada em todos os sentidos. Por exemplo, a beleza e a força muscular, por mais invejáveis que sejam, não fazem jus à qualificação humana de "grandeza". Portanto, devemos pensar nas qualidades espirituais, nos dotes psíquicos e intelectuais. Por último, imaginamos que não poderíamos facilmente chamar de um "grande homem" alguém que tenha uma extraordinária capacidade em determinada área. Certamente não um mestre no jogo de xadrez ou um virtuose de um instrumento musical, mas também não simplesmente um artista ou pesquisador. Neste caso, seria adequado afirmarmos que ele é um grande poeta, pintor, matemático ou físico, um pioneiro no campo desta ou daquela atividade, mas hesitaríamos em reconhecê-lo como um "grande homem". Quando, por exemplo, declaramos sem ressalvas que Goethe, Leonardo da Vinci e Beethoven são grandes homens, outra coisa deve nos levar a isso, além da admiração de suas extraordinárias criações. Se não existissem justamente esses exemplos, provavelmente teríamos chegado à ideia de que a expressão "um grande homem" seria preferencialmente reservada para homens de ação, portanto, conquistadores, generais, governantes, e reconheceríamos a grandeza dos seus feitos, o poder da sua influência. Mas isso ainda é insatisfatório, e é plenamente contestado pela nossa desaprovação de tantas pessoas sem valor nenhum; porém não podemos contestar o efeito de suas ações no mundo que os rodeia e na posteridade. Também não podemos escolher o sucesso como um sinal de "grandeza", quando lembramos o enorme número de "grandes homens" que, ao invés de terem êxito, afundaram no fracasso.

Assim, provisoriamente, nossa tendência é decidir que não vale a pena procurarmos um conteúdo inequivocamente determinado do conceito de "grande homem". É apenas o reconhecimento debilmente utilizado, e atribuído um tanto aleatoriamente, de um desenvolvimento super dimensionado de certas características humanas, numa aproximação ao sentido original de "grandeza". Também devemos nos lembrar que a índole do grande homem não nos interessa tanto quanto a pergunta de como ele atua sobre os seus semelhantes. Mas vamos abreviar ao máximo essa pesquisa, pois ela ameaça nos afastar muito de nosso objetivo.

Portanto, vamos admitir que o grande homem influencia seus semelhantes por dois caminhos, pela sua personalidade e pela ideia que ele defende. Essa ideia pode enfatizar um antigo ideal das massas ou mostrar-lhes um novo objetivo a ser alcançado, ou ainda, atrai-las de outro modo. De vez em quando — e esse é certamente o caso primordial — a personalidade atua sozinha, e a ideia representa um papel bem mais reduzido. Porque afinal o grande homem deve tornar-se importante, e algo que em nenhum momento deixa de ser claro para nós. Sabemos que a massa humana sente a forte necessidade de uma autoridade que ela possa admirar, diante da qual possa se inclinar, pela qual seja dominada, e eventualmente até maltratada. Na psicologia do indivíduo aprendemos de onde provém essa necessidade da massa. É o anseio pelo pai, inerente a cada um de nós desde a nossa infância, aquele mesmo pai que o herói da lenda se vangloria de ter subjugado. Então começamos a perceber que todos os traços que atribuímos ao grande homem são traços paternos, que nessa coincidência compõem a índole do grande homem, por nós buscada em vão. A determinação dos pensamentos, a força da vontade, o ímpeto das atitudes fazem parte da imagem paterna, porém sobretudo a autonomia e a independência do grande homem, sua despreocupação divina, que pode até chegar à falta de consideração. Devemos admirá-lo, podemos confiar nele, mas não podemos deixar de também temê-lo. Deveríamos ter nos deixado conduzir pelo ditado: quem, além do pai, poderia ter sido o "grande homem" na nossa infância?

Indubitavelmente foi um forte modelo de pai que se apresentou aos pobres escravos judeus na pessoa de Moisés, assegurando-lhes de que eram seus filhos queridos. E não menos avassalador deve ter sido o efeito da ideia de um Deus único, eterno e todo poderoso, para o qual eles não eram tão inferiores assim, pois ele se comprometeu a firmar uma aliança e a cuidar deles, contanto que lhes permanecessem fiéis. Provavelmente não foi fácil para eles separar a imagem do homem Moisés daquela do seu Deus, e eles até pensaram nisso, pois Moisés deve ter introduzido traços de sua própria pessoa no caráter do seu Deus, como a ira e o rigor. E quando então eles assassinaram seu grande homem, apenas repetiram uma atrocidade cometida nos tempos primitivos, como uma lei contra o rei divino, e que, como sabemos, remontava a um modelo mais antigo ainda.[3]

Então, se por um lado a figura do grande homem atingiu dimensões de divindade, por outro já é tempo de lembrarmos que o pai também foi filho um dia. De acordo com nossas explicações, a grande ideia

---

[3] Veja Frazer, l.c.

religiosa defendida por Moisés não era sua, ele a havia tomado de seu rei Aquenáton. E este último, cuja grandeza como fundador de uma religião foi inequivocamente atestada, talvez tivesse seguido sugestões que lhe chegaram por meio de sua mãe ou de outros caminhos — da Ásia mais próxima ou da mais distante.

Não podemos continuar acompanhando esse encadeamento, mas se esses primeiros elementos foram reconhecidos corretamente, então a ideia monoteísta retornou ao seu país de origem como um bumerangue. Parece muito infrutífero querer constatar o mérito de um único indivíduo na apresentação de uma nova ideia. Obviamente muitos participaram de seu desenvolvimento, contribuindo amplamente para ele. Por outro lado, seria uma evidente injustiça interromper a cadeia da causalidade em Moisés e negligenciar o que fizeram seus sucessores e continuadores, os profetas judeus. As sementes do monoteísmo não brotaram no Egito. O mesmo poderia ter acontecido em Israel, depois que o povo descartou a sua penosa e exigente religião. Mas do meio da religião judaica sempre voltavam a se erguer homens que reanimavam a tradição empalidecida, renovavam as exortações e exigências de Moisés, e não descansavam antes de recuperarem o que havia sido perdido. No constante esforço de séculos, e finalmente por meio de duas grandes reformas, uma antes e outra depois do exílio babilônico, completou-se a transformação do deus popular Jeová naquele Deus cuja veneração

Moisés havia imposto aos judeus. E essa é a prova de uma especial aptidão psíquica da massa em que havia se tornado o povo judeu, ao produzir tantas pessoas dispostas a assumirem as reivindicações da religião de Moisés, em troca da recompensa de serem consideradas eleitas, e talvez obterem outros prêmios de categoria semelhante.

3.2.3 O progresso da espiritualidade

Ao que parece, para se obter resultados psíquicos duradouros em um povo, não é suficiente assegurar-lhe que foi escolhido pela divindade. De algum modo precisamos também provar-lhe isso, e quando ele acreditar, deverá extrair consequências dessa crença. Na religião de Moisés, o Êxodo do Egito serviu como prova: Deus, ou Moisés em seu nome, não se cansou de mencionar essa prerrogativa. A festa da Páscoa foi criada para manter a lembrança desse evento, ou melhor, para introduzir o conteúdo dessa lembrança em uma festa muito mais antiga. Mas era apenas uma lembrança, o Êxodo pertencia a um passado muito apagado. Naquele momento os sinais do favorecimento de Deus eram muito escassos, os destinos do povo indicavam muito mais sua inclemência. Os povos primitivos costumavam depor os seus deuses ou até castigá-los, quando não cumpriam seu dever de garantir-lhes a vitória, a felicidade ou o bem estar. Em todos os tempos, os reis eram tratados do mesmo modo que os deuses, e nisso se comprova uma antiga identificação, a proveniência de uma raiz comum. Os povos modernos também costumam expulsar seus reis, quando o brilho de seus governos é apagado por derrotas, com as respectivas perdas de território e dinheiro. Uma pergunta que por enquanto precisamos deixar em aberto, é por que o povo de Israel se apegou ao seu Deus sempre se submetendo, cada vez mais quanto pior o tratamento que recebia?

Isso pode nos incentivar a tentar descobrir se a religião de Moisés não trouxe mais nada ao povo além do aumento da sua autoestima, por meio da consciência de sua prerrogativa. De fato, é fácil identificarmos o momento seguinte. A religião trouxe aos judeus uma ideia bem mais extraordinária de Deus, ou como prosaicamente poderíamos dizer, a ideia de um Deus bem mais extraordinário. Quem acreditasse nesse Deus, de certo modo participava de sua grandeza, podia se sentir, ele mesmo, maior. Para um ateu isso não é totalmente óbvio, mas talvez se possa compreendê-lo mais facilmente com o exemplo da autoestima de um britânico em um país estranho, que se tornou inseguro por causa de uma revolta que eclodiu ali, a auto estima que o cidadão de um pequeno país continental desconhece totalmente. É que o britânico conta com o fato de que seu governo enviará um navio de guerra se tocarem em um único fio de cabelo seu, o que os revoltosos sabem muito bem, enquanto que o pequeno país não possui nenhum navio de guerra. Portanto, o orgulho da grandeza do

Império Britânico possui uma raiz na consciência da maior segurança, da proteção desfrutada pelo cidadão britânico. Isso pode ser semelhante à ideia do Deus extraordinário, e como dificilmente alguém terá a pretensão de ajudar Deus na administração do mundo, o orgulho que se tem da grandeza de Deus conflui com o de ser o povo escolhido.

Dentre as regras da religião de Moisés encontra-se uma que é mais significativa do que pensávamos inicialmente. É a proibição de se fazer uma imagem de Deus, portanto, a obrigação de venerar um Deus que não se pode ver. Supomos que nesse ponto Moisés extrapolou o rigor da religião de Aton; talvez ele quisesse apenas ser consequente. Seu Deus não tinha nome nem rosto, talvez essa fosse uma nova precaução contra as más práticas da magia. Mas quando se aceitou essa proibição, ela produziu um efeito muito profundo. Ela representou um menosprezo da percepção sensorial diante da ideia considerada abstrata, um triunfo da espiritualidade sobre os sentidos, rigorosamente uma renúncia à pulsão, com suas necessárias consequências psicológicas.

Para merecer credibilidade o que à primeira vista não nos parece convincente, devemos nos lembrar de outros processos de mesmo tipo no desenvolvimento da cultura humana. O mais antigo deles, talvez o mais importante, dissolveu-se na escuridão dos tempos primordiais. Seus espantosos efeitos nos obrigam a confirmá-lo. Nas nossas crianças, nos neuróticos dentre os adultos, assim como entre os povos primitivos, encontramos o mesmo fenômeno psíquico que definimos como a crença no "poder total do pensamento". Na nossa opinião, ele é uma super valorização da influência que nossos atos psíquicos ou intelectuais podem exercer sobre as mudanças do mundo exterior. Basicamente toda magia, a precursora da nossa técnica, baseia-se nesse pressuposto. Toda a magia das palavras faz parte disso, e é a convicção do poder ligado ao conhecimento e à invocação de um nome. Supomos que o "poder total dos pensamentos" era a expressão do orgulho da humanidade referente ao desenvolvimento da linguagem, que teve como consequência uma promoção extraordinária da atividade intelectual. Abria-se o novo reino da espiritualidade, no qual as imaginações, lembranças e processos conclusivos tornaram-se determinantes, contrariamente às atividades psíquicas inferiores, que tinham como conteúdo as percepções dos órgãos sensoriais. Certamente foi uma das etapas mais importantes no caminho à humanização.

Muito mais palpável foi outro processo, que se apresentou a nós num tempo posterior. Sob a influência de momentos externos, que não precisamos acompanhar aqui, e que em parte também não são suficientemente conhecidos, ocorreu que a organização social matriarcal foi substituída pela patriarcal, e com isso naturalmente houve uma revolução das condições jurídicas vigentes até então. Acreditamos sentir ainda o eco dessa revolução na *Oresteia* de Ésquilo.* Mas além disso essa mudança da mãe para o pai demonstra uma vitória do espiritual sobre o sensorial, portanto, um progresso cultural, pois a maternidade é comprovada pelo testemunho dos sentidos, enquanto a paternidade é apenas uma suposição, construída sobre uma conclusão e um pressuposto. O posicionamento que coloca o processo de pensamento acima da percepção sensorial, revelou-se um passo de inúmeras consequências.

Num determinado momento, entre os dois casos mencionados acima surge mais um, que demonstra ter mais afinidades com aquele que pesquisamos na história da religião. O homem sentiu-se estimulado a reconhecer os poderes intelectuais, isto é, aqueles que não podem ser captados pelos sentidos, especialmente a visão, mas que expressam efeitos indubitáveis, até mesmo muito fortes. Se pudéssemos confiar no testemunho da linguagem, poderíamos dizer que o ar em movimento nos proporcionou o modelo da espiritualidade, pois o espírito tomou emprestado o nome do sopro (*animus*, *spiritus*, e no

---

* A Oresteia do poeta Ésquilo é a única trilogia grega antiga preservada. A peça teatral do Sátiro, pertencente às tragédias, é considerada desaparecida. Na primeira apresentação dos Dionísios (458 AC) em Atenas, a Oresteia ganhou o prêmio vencedor. Ela trata do fim da maldição que se abatera sobre a casa de Atreu. As três tragédias são: AGAMEMNON, COÉFORAS (também conhecida como AS DOADORAS PÓSTUMAS ou A DOAÇÃO AOS MORTOS) e AS EUMENIDES. A tragédia mostra uma evolução da compreensão jurídica do princípio da vingança individual, que passou ao princípio da sentença formulada por um grupo representativo da sociedade (juízes, jurados). http//de.wikipedia.org/wiki/Orestie. (N.T.)

hebraico *ruach* = sopro).* Isso também representou a descoberta da alma como o princípio espiritual no indivíduo. Pela observação redescobriu-se o ar em movimento na respiração humana, que se encerra com a morte; ainda hoje o moribundo "expira" a sua alma. Então, com isso, o reino dos espíritos estava aberto ao homem; ele se prontificou a atribuir a toda a natureza, a alma que descobriu em si mesmo. O mundo inteiro ficou "animado", e a ciência, que veio bem mais tarde, teve muito trabalho para suprimir novamente a alma de uma parte do mundo, e mesmo hoje ainda não conseguiu cumprir essa tarefa em sua totalidade.

Com a proibição mosaica, Deus foi elevado a um patamar superior de espiritualidade, e abriu-se um caminho para outras variantes da ideia de Deus, sobre as quais ainda falaremos. Mas primeiro vamos tratar de um outro efeito da mesma. O efeito benéfico de todos esses progressos na espiritualidade é o de elevar a autoestima da pessoa, deixá-la orgulhosa, sentindo-se superior àqueles que permaneceram presos aos sentidos. Sabemos que Moisés transmitiu aos judeus o forte sentimento superior de ser um povo escolhido; por meio da desmaterialização de Deus, acrescentou-se uma nova e valiosa peça ao tesouro secreto do povo. Os judeus mantiveram seu direcionamento para os interesses espirituais, a desgraça política da nação ensinou-os a valorizar a única posse que lhes

---

* No original alemão, sopro = *Hauch*. (N.T.)

restara, suas escrituras. Imediatamente após a destruição do templo em Jerusalém por Tito, o rabino *Jochanam ben Sakkai* pediu uma autorização para abrir a primeira escola da Torá em *Jabne*. Dali em diante foram as escrituras sagradas e o empenho espiritual em relação a elas que manteve unido o povo disperso pelo mundo.

Isso é o que geralmente se conhece e se aceita. Eu só queria acrescentar que esse desenvolvimento característico da índole judaica foi causado pela proibição de Moisés de venerar Deus numa figura visível.

A prerrogativa de ser eleito, que por cerca de 2000 anos de esforços espirituais foi admitida na vida do povo judeu, naturalmente teve seus efeitos; ela ajudou a barrar a brutalidade e a tendência aos atos violentos, que costumavam se instalar onde o desenvolvimento da força muscular era o ideal do povo. A harmonia na promoção de atividades intelectuais e físicas, como a alcançada pelo povo grego, permaneceu negada aos judeus. Pelo menos na dúvida, eles se decidiram pelo que tinha um valor mais elevado.

3.2.4 A renúncia às pulsões

Não é óbvio, nem facilmente aceito, por que um progresso na espiritualidade, um afastamento dos sentidos, deveria elevar a autoestima de uma pessoa, assim como a de um povo. Isso parece pressupor uma determinada escala de valores, e uma outra pessoa ou instância que a maneje. Para esclarecer isso, vamos nos referir a um caso análogo da psicologia do indivíduo, que se tornou compreensível para nós.

Quando o *isso* (Id) gera a exigência de uma pulsão de natureza erótica ou agressiva em um ser humano, o mais simples e natural é que o *eu* (ego) que possui à sua disposição o aparato mental e muscular, o satisfaça por meio de uma ação. Essa satisfação da pulsão é percebida pelo *eu* como prazer, assim como a não satisfação indubitavelmente teria se tornado fonte de desprazer. Então pode ocorrer que o *eu* negligencie a satisfação da pulsão em consideração a obstáculos externos, ou seja, quando ele reconhece que a respectiva ação o colocaria seriamente em perigo. Uma tal desistência da satisfação, uma renúncia à pulsão por causa de fatores externos, como dizemos, em obediência ao princípio da realidade, não é prazerosa, de modo algum. A renúncia à pulsão teria como consequência uma contínua tensão de desprazer, se não fosse possível reduzir a força da pulsão, nem mesmo por meio de desvios de energia. A renúncia à pulsão também pode ser forçada por outros motivos que, com razão, chamamos de *internos*. No transcurso do desenvolvimento individual uma parte das forças inibidoras do mundo externo é interiorizada, e forma-se no *eu* uma instância que se contrapõe às restantes, observando, criticando e proibindo. Chamamos essa nova instância de *super eu* (superego). A partir disso o *eu*, antes de acionar as satisfações da pulsão demandadas pelo *isso*, deve levar em consideração não apenas os perigos do mundo exterior, mas também as objeções do *super eu*, e assim terá mais estímulos para abandonar a satisfação da pulsão. Mas enquanto, por motivos externos, a renúncia à pulsão for apenas desprazerosa, por motivos internos, obedecendo ao *super isso*, ela terá um efeito econômico diferente. Além da inevitável consequência desprazerosa, ela também concederá ao *eu* um ganho de prazer, como uma satisfação substitutiva. O *eu* se sente elevado, fica orgulhoso dessa renúncia á pulsão, como de um feito muito valioso. Acreditamos compreender o mecanismo desse ganho de prazer. O *super eu* é descendente e representante dos pais (e educadores) que supervisionaram as ações do indivíduo em seu primeiro período de vida. Ele dá continuidade às funções dos mesmos, quase sem mudanças. Ele mantém o *eu* em constante dependência, e exerce sobre ele uma pressão contínua. Quase como na infância, o *eu* tem receio de arriscar o amor do senhor, sente seu reconhecimento como libertação e satisfação, suas recriminações como pesos na consciência. Quando o *eu* traz ao *super eu* o sacrifício de uma renúncia à pulsão, ele espera a recompensa de ser mais amado por ele. Ele sente como orgulho a consciência de merecer esse amor. Quando a autoridade ainda não foi interiorizada como *super eu*, a relação entre a ameaçadora perda do amor e a demanda da pulsão poderia ser a mesma. Havia uma sensação de segurança e satisfação, quando se conseguia realizar uma renúncia à pulsão, por amor aos pais. Mas essa boa sensação só conseguiu assumir o peculiar caráter narcísico do orgulho depois que a própria autoridade se tornou uma parte do *eu*.

Como essa explicação da satisfação pela renúncia à pulsão contribui para a compreensão dos processos que queremos estudar, ou seja, a elevação da autoestima nos progressos da espiritualidade? Aparentemente muito pouco. As condições são totalmente diversas. Não se trata de nenhuma renúncia à pulsão, e não existe nenhuma segunda pessoa ou instância por amor à qual se faz o sacrifício. Na segunda afirmação logo hesitamos. Podemos dizer que o grande homem é a autoridade, e que por amor a ela realizamos o feito. E como o próprio grande homem também exerce seu efeito, graças à sua semelhança com o pai, não podemos nos admirar se, na psicologia de massas, recair sobre ele o papel de *super eu*. Isso poderia valer também para o homem Moisés em sua relação com o povo judeu. Mas quanto ao outro ponto, não se produziria nenhuma analogia correta. O progresso espiritual consiste na decisão contra as percepções sensoriais diretas, em favor dos assim chamados processos intelectuais superiores, portanto, lembranças, reflexões e conclusões. Por exemplo, quando determinamos que a paternidade é mais importante do que a maternidade, apesar de não ser possível comprová-la pelo testemunho dos sentidos, como esta última. Por isso a criança precisa usar o nome do pai, e tornar-se seu herdeiro. Ou: "nosso Deus é o maior e mais poderoso, apesar de ser invisível, como a ventania e a alma." A rejeição de pulsão sexual ou agressiva parece ser algo bem diferente disso. Em alguns avanços, por exemplo, na vitória do direito paterno, não é possível comprovar a autoridade que dá a medida para o que deve ser mais respeitado. Neste caso não pode ser o pai, pois só por meio do progresso ele é promovido à autoridade. Portanto, estamos diante de um fenômeno em que, no desenvolvimento da humanidade, a predominância dos sentidos é gradualmente subjugada pela espiritualidade, e com cada progresso desses, as pessoas sentem-se mais orgulhosas e superiores. Mas não sabemos por que isso deveria ser assim. Posteriormente a espiritualidade em si foi subjugada pelo fenômeno emocional da crença totalmente enigmático. É o famoso *credo quia absurdum*,* e aquele que conseguiu isso, enxerga-o como a maior das realizações. Talvez o conjunto de todas essas situações psicológicas seja algo distinto. Talvez o ser humano simplesmente declare como superior aquilo que é mais difícil, e seu orgulho seja apenas um narcisismo maior, pela consciência de ter superado uma dificuldade.

Certamente são explicações pouco frutíferas, e poderíamos dizer que não têm nada a ver com nossa pesquisa sobre o que determinou o caráter do povo judeu. Seria apenas uma vantagem para nós, mas na verdade há uma certa relação com o

---

* "Creio porque é absurdo". Ver a nota anterior, na página 146. (N.T.)

nosso problema, que se revela por meio de um fato que nos ocupará futuramente. A religião, que começou com a proibição de se fazer uma imagem de Deus, evolui ao longo dos séculos cada vez mais na direção de uma religião da renúncia às pulsões. Na verdade ela nem defende a abstinência sexual, ela já se contenta com uma redução evidente da liberdade sexual. Deus foi totalmente afastado da sexualidade e elevado a um ideal de perfeição ética. Mas a ética é a restrição das pulsões. Os profetas não se cansam de advertir que Deus não exige nada de seu povo além de uma vida correta e virtuosa, portanto, uma contenção de todas as pulsões, que também são consideradas viciosas pela nossa moral de hoje. E até mesmo a exigência de crer Nele parece recuar diante do rigor dessas exigências éticas. Com isso a renúncia à pulsão aparentemente tem um papel de muito destaque na religião, mesmo quando não é evidenciado nela desde o início.

Mas aqui há espaço para uma objeção, que deverá evitar um mal entendido. Pode parecer que a renúncia à pulsão, e a ética baseada nela, não façam parte do conteúdo essencial da religião, porém estão intimamente ligadas a ela, geneticamente. O totemismo, a primeira forma de religião que conhecemos, traz consigo, como indispensáveis recursos do sistema, um certo número de mandamentos e proibições que naturalmente nada são além das renúncias às pulsões, a adoração do totem — que inclui a proibição de danificá-lo ou matá-lo — a exogamia, portanto a renúncia à paixão pelas cobiçadas mães e irmãs da horda, e a aceitação de direitos iguais para todos os membros da sociedade de irmãos, portanto, a restrição da tendência a uma rivalidade violenta entre eles. Nessas determinações podemos vislumbrar os primeiros indícios de uma ordem moral e social. Não deixamos passar o fato de que aqui se destacam duas motivações diferentes. As duas primeiras proibições baseiam-se no pai afastado, elas dão continuidade à sua vontade; o terceiro mandamento, aquele da igualdade de direitos dos irmãos, independe da vontade do pai, ele se justifica com a apelação à necessidade de manter por muito tempo a nova ordem que surgiu depois do afastamento do pai. Caso contrário, o retorno ao estado anterior teria sido inevitável. Aqui os mandamentos sociais separam-se dos outros, que, como podemos dizer, provêm diretamente de relações religiosas.

No breve desenvolvimento do indivíduo repete-se a parte essencial dessa sequência de acontecimentos. Nesse caso também é a autoridade dos pais, principalmente a do pai rigoroso, que ameaça com seu poder de castigar, que exorta seu filho a renunciar às pulsões, que determina o que lhe é permitido e o que lhe é proibido. O que para a criança é ser "boazinha" ou "malcriada", mais tarde, quando a sociedade e o *super eu* assumirem o lugar dos pais, será chamado de "bom" e "mau", virtuoso ou vicioso, porém continuará sendo a mesma coisa, a renúncia à pulsão pela pressão da autoridade que substitui o pai, e que lhe dá continuidade.

Esses conhecimentos são aprofundados quando resolvermos realizar uma pesquisa do estranho conceito de santidade. Na verdade, o que será que nos parece "santo", quando evidenciamos um outro que valorizamos e reconhecemos como importante e significativo? Por um lado, a relação da santidade com o religioso é indiscutível, ela é enfatizada de forma imperiosa; tudo que é religioso é santo, é na verdade o cerne da santidade. Por outro lado, nosso julgamento é perturbado por inúmeras tentativas de utilizar o caráter da santidade para muitas outras coisas, como pessoas, instituições, realizações, que têm pouco a ver com religião. Esses esforços servem a tendências óbvias. Vamos começar com o caráter da proibição, tão preso ao que é santo. Aparentemente, santo é algo que não pode ser tocado. Uma proibição santa tem uma ênfase afetiva muito forte, mas na verdade não tem uma justificativa racional. Por exemplo, por que cometer um incesto com a filha ou a irmã seria um crime especialmente grave, tão mais grave do que qualquer outra relação sexual? Se perguntarmos pelo motivo, certamente ouviremos que todos os nossos sentimentos se opõem a ele. Mas isso apenas quer dizer que consideramos essa proibição natural, que nem sabemos como justificá-la.

A nulidade dessa explicação pode ser facilmente provada. O que supostamente ofende nossos mais sagrados sentimentos era um costume comum nas famílias de governantes do antigo Egito e outros povos antigos, poderíamos até dizer que era um hábito consagrado. Por exemplo, era natural que o faraó encontrasse em sua irmã sua primeira e mais nobre esposa, e os sucessores tardios dos faraós, os gregos ptolomaicos, não hesitaram em seguir esse modelo. Mas a nós impõe-se muito mais a visão de que o incesto — neste caso entre irmãos e irmãs — era uma prerrogativa vedada aos mortais comuns, mas reservada aos reis que representavam os deuses, como também ao mundo dos mitos grego e germânico, que não se escandalizava com essas relações incestuosas. Podemos supor que a temerosa proteção das uniões entre os iguais em nossa nobreza ainda seja um resíduo desse antigo privilégio, e podemos constatar que, por causa da procriação consanguínea de forma continuada por tantas gerações, nas mais elevadas camadas sociais, a Europa hoje é governada apenas por membros de uma ou duas famílias. A referência ao incesto entre deuses, reis e heróis também ajuda na resolução de outra tentativa, que pretende explicar biologicamente o medo do incesto, e o refere a um obscuro conhecimento sobre o dano produzido pela procriação consanguínea. Mas o perigo de um dano produzido pela procriação consanguínea nem é tão certo, e também não é certo que os primitivos o tenham constatado e reagido contra ele. A incerteza na determinação dos graus de parentesco em que o permitido ou proibido incesto é, tampouco favorece a suposição de um "sentimento natural" como causa primordial para a repulsa ao incesto.

Nossa construção da pré-história nos impõe outra explicação. O mandamento da exogamia, cuja expressão negativa é a repulsa ao incesto, correspondia à vontade do pai, e prosseguiu depois do seu afastamento. Essa é a razão da força de sua ênfase afetiva e a impossibilidade de uma justificativa racional, portanto, a sua sacralidade. Esperamos confiantes que a análise de todos os outros casos de proibição santa leve ao mesmo resultado que o da repulsa ao incesto, e que originalmente o sagrado nada seja além da vontade do pai primordial, levada adiante. Isso também lançaria uma luz sobre a ambivalência, até agora inexplicável, das palavras que expressam o conceito de "sagrado". É a ambivalência que geralmente predomina na relação com o pai. *Sacer* não quer dizer apenas "sagrado" "santo" "iniciado" mas também algo que podemos apenas traduzir como "infame", "detestável" ("*auri sacra fames*"). Mas a vontade do pai não era apenas algo intocável que devia ser honrado, respeitado, mas também algo que nos inspirava medo, porque exigia de nós uma dolorosa renúncia à pulsão. Quando ouvimos que Moisés "santificou" seu povo pela introdução do costume da circuncisão, entendemos o profundo sentido dessa afirmação. A circuncisão é o substituto simbólico da castração, que certa vez o pai primordial, do alto da plenitude de seu poder perfeito, impôs aos filhos, e aquele que aceitasse esse símbolo mostrava que estava disposto a se submeter à vontade do pai, mesmo que isso lhe impusesse o mais doloroso dos sacrifícios.

Mas para voltar à ética, podemos afirmar como conclusão que uma parte de suas regras justifica-se racionalmente pela necessidade de delimitar os direitos da comunidade em relação ao indivíduo, os direitos do indivíduo em relação à sociedade, e os dos indivíduos entre si. Mas o que na ética parece grandioso, misterioso e de certo modo místico, deve-se à conexão com a religião, à origem proveniente do pai.

3.2.5 O conteúdo de verdade da religião

Como nos parecem invejáveis, a nós, pobres de fé, aqueles pesquisadores convictos da existência de um ser superior! Para esse grande espírito o mundo não tem problemas, pois ele mesmo criou todas as suas instituições. Como são abrangentes, completas e definitivas as doutrinas do crente em comparação com as nossas penosas, pobres e fragmentadas tentativas de explicação — o máximo que conseguimos produzir! O espírito divino, ele mesmo o ideal da perfeição ética implantou no seres humanos o conhecimento desse ideal, e ao mesmo tempo o ímpeto de ajustar seu ser a esse ideal. Eles sentem imediatamente o que é superior e mais nobre, e o que é inferior e mais comum. Sua vida sensível está ajustada à sua respectiva distância do ideal. Sentem muita satisfação quando, como no periélio,* conseguem aproximar-se dele, e são

---

* Periélio é o ponto de menor afastamento da Terra em seu movimento de translação ao redor do Sol, o que ocorre em janeiro (no hemisfério sul). O Afélio, ao contrário, é o de menor afastamento. (N.T.)

acometidos por uma profunda insatisfação quando, como no afélio, afastam-se dele. Isso é muito simples e firmemente consolidado. Só podemos lamentar quando determinadas experiências de vida e observações do mundo nos impossibilitam de aceitar o pressuposto de um ser tão superior como esse. Como se o mundo já não tivesse enigmas suficientes, impuseram-nos a nova tarefa de entender como os outros conseguiram adquirir essa crença no ser divino, e de onde ela extrai seu imenso poder de subjugar "razão e ciência".

Voltemos ao problema mais modesto que nos ocupou até agora. Queríamos explicar de onde o povo judeu adquiriu esse caráter tão peculiar, que provavelmente também possibilitou sua sobrevivência até os dias de hoje. Descobrimos que Moisés imprimiu neles esse caráter peculiar, ao lhes dar uma religião que elevou tanto a sua autoestima a ponto deles se acreditarem superiores a todos os outros povos. Então eles conservaram essa condição, mantendo-se afastados dos outros. As misturas de sangue não os incomodavam tanto, pois o que os mantinha unidos era um momento ideal, a posse conjunta de determinados bens intelectuais e emocionais. A religião de Moisés tinha esse efeito, porque:

1. Permitia que o povo participasse da grandiosidade de uma nova ideia de Deus.
2. Afirmava que esse povo fora escolhido por esse grande Deus, e predestinado a comprovar sua graça especial.

3. Impôs ao povo um avanço na espiritualidade que, na verdade bastante significativo, abriu o caminho à valorização do trabalho intelectual e a outras renúncias às pulsões.

Essa é a nossa conclusão, e apesar de não pretendermos recuar em nada, não podemos omitir que, de certo modo, ela é insatisfatória. A causa, por assim dizer, não corresponde ao resultado, o fato que queremos explicar parece ter uma ordem de grandeza diferente de tudo pelo qual tentamos explicá-lo. Seria possível que todas as nossas pesquisas até agora não revelaram toda a motivação, mas apenas uma camada de certo modo superficial, e que, por trás disso, um outro momento muito significativo está à espera da descoberta? Na extraordinária complexidade de todas as causas na vida e na história deveríamos estar preparados para algo dessa natureza.

O acesso a essa motivação mais profunda deverá aparecer num determinado ponto dos esclarecimentos a seguir. A religião de Moisés não exerceu seus efeitos diretamente, mas de uma estranha forma indireta. Isso não quer dizer que seu efeito não tenha sido imediato, que ela precisou de muito tempo, até séculos, para exercer o seu efeito totalmente, porque isso é óbvio quando se trata do desenvolvimento do caráter de um povo. Porém a restrição refere-se a um fato que extraímos da história da religião judaica, ou, se quisermos, introduzimos nela. Dissemos que depois de um certo tempo o povo judeu jogou fora a religião de

Moisés — não podemos saber se totalmente, ou se algumas de suas regras foram mantidas. Com a suposição de que, nos longos períodos da posse de Canaã e da luta com os povos ali residentes, em que a religião de Jeová não se diferenciou essencialmente da veneração de outros Baalim, já estamos pisando em solo histórico, apesar de todos os esforços realizados pelas tendências posteriores para encobrir esse comportamento vergonhoso. Mas a religião de Moisés não afundou sem deixar pistas; uma espécie de lembrança dela permaneceu, talvez uma lembrança obscurecida e distorcida junto a alguns membros da casta sacerdotal, com a ajuda de antigas anotações. E essa tradição de um grande passado continuou atuando nos bastidores, foi gradualmente conquistando cada vez mais poder sobre os espíritos, e finalmente conseguiu transformar o deus Jeová no Deus de Moisés, e despertar para a vida novamente a religião de Moisés introduzida há muitos séculos e depois abandonada.

Num parágrafo anterior esclarecemos esse assunto, que nos parece irrefutável se concebermos esse desempenho da tradição.

3.2.6 O retorno do reprimido

Existem muitos processos semelhantes entre aqueles que a pesquisa analítica nos ensinou a reconhecer na vida psíquica. Uma parte deles é chamada de patológica, a outra se inclui na diversidade da normalidade. Mas isso não importa muito, pois os limites entre as duas não são muito precisos, os mecanismos são, em ampla medida, praticamente os mesmos, e é bem mais importante saber se as respectivas modificações ocorrem no próprio *eu* ou se opõem a ele como estranhas — quando então são chamadas de sintomas. Do abundante material quero destacar, primeiro, os casos que se referem ao desenvolvimento do caráter. Numa decidida oposição, a jovem filha conseguiu cultivar todas as características que não encontrou na mãe, e evitar tudo que a lembrava dela. Podemos completar dizendo que, quando mais nova, como toda criança do sexo feminino, ela se identificara com a mãe, e agora se colocava energicamente contra ela. Mas quando essa menina se casar e se tornar esposa e mãe, não deveremos nos espantar se ela começar a ficar cada vez mais parecida com a hostilizada mãe, até que finalmente aquela antiga identificação, já superada, é novamente restabelecida. O mesmo acontece com os rapazes, e até o grande Goethe, que em sua fase de gênio menosprezou seu rígido e pedante pai, na idade avançada desenvolveu traços que faziam parte do perfil paterno. O efeito pode se tornar mais evidente quando o contraste entre as duas pessoas é mais forte. Um homem jovem, cujo destino foi crescer ao lado de um pai imprestável, tornou-se primeiro, por teimosia, uma pessoa esforçada, confiável e respeitada. No ápice da vida adulta o seu caráter mudou, e dali em diante ele se comportou como se tivesse tomado esse mesmo pai como exemplo. Para não perder a conexão com nosso tema, devemos ter em mente que no início de um desenvolvimento como esse sempre há uma identificação da criança pequena com seu pai. Mais tarde essa identificação é rejeitada, compensa-se por si mesma, e no final impõe-se novamente.

Há muito já se tornou um conhecimento de domínio público que as vivências dos primeiros cinco anos da criança exercem uma influência determinante sobre sua vida, à qual nada posterior poderá se contrapor. Há muita coisa interessante que se poderia dizer sobre a forma como essas primeiras impressões se impõem, contra todas as influências da vida madura, mas isso não faz parte deste nosso assunto. Porém o que ainda se conhece pouco é que a mais forte influência compulsiva provém daquelas impressões que a criança recebe num momento em que seu aparelho psíquico ainda não está totalmente apto a absorvê-las. Não há o que duvidar desse fato em si, ele é tão estranho que devemos facilitar sua compreensão comparando-o com uma fotografia que, após um determinado tempo, é revelada e pode ser transformada num quadro. Em todo caso é um prazer mencionar que um poeta muito imaginativo, com a ousadia própria dos poetas, antecipou essa nossa desconfortável descoberta. *E.T.A. Hoffman* costumava relacionar a riqueza de imagens a ele disponíveis para inspirar seus poemas, à diversidade de imagens e impressões captadas durante uma viagem de muitas semanas no coche postal, quando ainda era um bebê, no colo de sua mãe. O que as crianças de dois anos de idade vivenciaram e não entenderam, elas nunca precisarão lembrar, exceto nos sonhos. Apenas por meio de um tratamento psicanalítico elas poderão conhecer esses fatos, mas tudo isso irrompe em algum momento posterior de suas vidas, com fortes pulsões, norteando suas ações, angariando simpatias e antipatias, e muitas vezes decidindo sua escolha amorosa, que tantas vezes nem se justifica racionalmente. Não se pode deixar de perceber os dois pontos em que esses fatos tocam nosso problema. Primeiro no tempo remoto,[4] reconhecido aqui como o verdadeiro momento determinante, por exemplo, na condição especial da memória que, nessas vivências da infância, classificamos como "inconsciente". Nesse caso pretendemos encontrar uma analogia com a condição que queremos atribuir à tradição, na vida psíquica do povo. Obviamente não foi fácil introduzir a ideia de inconsciente na psicologia das massas.

Os mecanismos que conduzem à formação de neuroses trazem contribuições regulares aos fenômenos que buscamos. Nesse caso também os eventos determinantes ocorrem nos momentos mais precoces da infância, mas a ênfase não recai naquele momento, porém no processo que se contrapõe ao evento, na reação contra o mesmo. Numa descrição esquemática poderíamos dizer que, como resultado da vivência, surge a demanda de uma pulsão que exige uma satisfação. O *eu* recusa essa

---

[4] Também aqui passamos a palavra a um poeta. Para explicar sua ligação, ele inventa: Em tempos remotos você foi minha irmã ou minha mulher. (Goethe, vol. IV da edição de Weimar, pág. 97).

satisfação, ou porque é paralisado pela dimensão da demanda, ou porque reconhece nela um perigo. A primeira dessas justificativas é a mais antiga, ambas vão na direção do impedimento de uma situação de perigo. O *eu* defende-se do perigo por meio do processo de repressão. A manifestação da pulsão é de algum modo inibida, o estímulo com as respectivas percepções e imaginações é esquecido. Mas com isso o processo não está concluído; ou a pulsão mantém sua força ou então a recolhe novamente, ou é despertada por um novo estímulo. Então ela renova sua demanda, e como o caminho a uma satisfação normal permanece fechado, por aquilo que podemos chamar de cicatriz da repressão, ela abre em algum outro lugar, num ponto enfraquecido, um outro caminho à assim chamada satisfação substituta. Então ela surge como um sintoma, sem o consentimento do *eu* mas também sem o seu entendimento. Com toda razão, todos os fenômenos da formação dos sintomas podem ser descritos como "retorno do que foi reprimido". Porém seu caráter de maior destaque é a ampla distorção sofrida pelo que retorna, em comparação com o originalmente reprimido. Talvez dirão que, com esse último grupo de fatos, nós nos distanciamos demais da semelhança com a tradição. Mas não devemos nos arrepender disso, se assim chegamos mais perto dos problemas da renúncia à pulsão.

3.2.7 A verdade histórica

Fizemos todas essas digressões psicológicas para tornar mais crível, para nós, que a religião de Moisés exerceu seu efeito no povo judeu primeiro como uma tradição. Provavelmente não conseguimos ir além de uma certa probabilidade. Mas vamos supor que conseguiríamos prová-lo, completamente; mesmo assim permaneceria a impressão de que teríamos satisfeito apenas o fator qualitativo dessa exigência e não também o quantitativo. Existe algo de grandioso atrelado a tudo que tem a ver com o surgimento de uma religião, certamente também ao da religião judaica, e que não foi analisado nas nossas explicações até agora. Deveria haver outro momento implicado nisso, para o qual há poucas analogias e nenhuma similitude, algo único e da mesma ordem de grandeza daquilo em que ela se tornou, além da própria religião.

Vamos tentar aproximar-nos do objeto pelo lado oposto. Entendemos que os primitivos precisavam de um deus como criador do mundo, chefe de tribo, protetor pessoal. Esse deus ocupa um lugar atrás dos falecidos pais, dos quais a tradição ainda tem a algo a dizer; e o ser humano de tempos posteriores, do nosso tempo, também se comporta assim. Ele também permanece infantil e carente de proteção, mesmo quando adulto; acha que não pode dispensar o apoio de seu deus. Até aqui isso é incontestável, porém mais difícil de entender é por que pode haver apenas um único deus, por que justamente a progressão do henoteísmo* ao monoteísmo adquire um significado preponderante. Como já mencionamos, o crente participa da grandeza de seu deus e, quanto maior o deus, mais confiável é a proteção que ele poderá oferecer. Porém o poder desse deus não pressupõe que ele precisa necessariamente ser único. Muitos povos reconheciam a glória de seu deus supremo apenas quando ele dominava outras divindades, subalternas a ele, e não quando havia uma diminuição de sua grandeza, caso existissem outras divindades além dele. Também representou um sacrifício da relação mais íntima do povo com seu deus quando ele se tornou universal e passou a se preocupar com todos os países e povos. O deus íntimo passou a ser compartilhado com estranhos, o que precisava ser compensado com a condição de povo predileto. Também pode-se argumentar que a ideia em si de um deus único representava um progresso na espiritualidade, mas é impossível avaliarmos o alcance disso.

Os crentes sabem como preencher suficientemente essa notória lacuna na motivação. Eles dizem que a ideia de um único deus teve aquele efeito tão dominante sobre as pessoas porque é uma parte da verdade *eterna* que finalmente foi revelada, depois de muito tempo oculta, e então arrastou todos consigo. Devemos admitir que um

---

* O henoteísmo é uma forma de religião em que se acredita em um único Deus supremo, mas sem negar a existência de outras divindades. (N.T.)

momento desse tipo seria adequado à grandeza do objeto, assim como do resultado.

Nós também queremos adotar essa solução. Mas topamos com uma dúvida. Esse argumento devoto baseia-se num pressuposto otimista-idealista. De um modo geral não foi constatado que o intelecto humano possui um faro sutil para a verdade, e que a vida psíquica humana revela um pendor especial para reconhecer a verdade. Pelo contrário, descobrimos que nosso intelecto engana-se facilmente, sem qualquer aviso, e que de nossa parte não acreditamos em nada tão facilmente como naquilo que vem ao encontro de nossos desejos ilusórios, sem qualquer consideração pela verdade. Por isso precisamos adicionar uma ressalva à nossa concordância. Também acreditamos que a solução dos devotos contém a verdade, mas não a verdade *material*, porém a verdade *histórica*. E nos reservamos o direito de corrigir uma certa deturpação, sofrida por essa verdade em seu retorno. Quer dizer, hoje não acreditamos que existe um único grande Deus, mas que nos tempos primitivos existiu uma única pessoa que na época devia parecer enorme, e que depois voltou à memória do povo promovida a uma divindade.

Supomos anteriormente que a religião de Moisés foi primeiro rejeitada e meio esquecida, e depois irrompeu como uma tradição. Agora vamos supor que esse processo, na época, repetiu-se pela segunda vez. Quando Moisés trouxe ao povo a ideia do deus único, ela não era algo novo, mas representava a revitalização de uma vivência há muito tempo desaparecida da memória consciente das pessoas, desde os tempos primitivos da família humana. Mas essa vivência havia sido tão importante, ela havia produzido ou indicado mudanças tão profundamente incisivas na vida das pessoas, que não podemos deixar de acreditar que ela deixou atrás de si algumas marcas duradouras nas suas almas, comparáveis a uma tradição.

Em psicanálises de indivíduos descobrimos que as mais antigas impressões, registradas numa época em que a criança ainda não sabia falar, em algum momento produzem efeitos de caráter compulsório, sem que a própria pessoa se lembre conscientemente. Nós nos consideramos no direito de supor a mesma coisa das antigas vivências de toda humanidade. Um desses efeitos seria o surgimento da ideia de um deus único e grandioso, que como tal foi deturpada, mas cuja justa lembrança devemos reconhecer. Uma ideia como essa tem caráter compulsório, ela precisa encontrar quem acredite nela. Enquanto ela sofre deturpações, podemos defini-la como *delírio*, mas na medida em que ela induz o retorno do passado, devemos chamá-la de *verdade*. Até mesmo a loucura psiquiátrica contém um pedacinho de verdade, e a partir dessa verdade a convicção do enfermo contagia o envoltório delirante.

Daqui até o final, o que se segue é uma repetição um pouco modificada das explicações da primeira parte.

No ano de 1912, no TOTEM E TABU, tentei reconstruir a antiga situação da qual partiam esses resultados. Para isso utilizei determinados pensamentos teóricos de Charles Darwin, Atkinson, mas especialmente de W. Robertson Smith, e combinei-os com descobertas e indicações da psicanálise. De Darwin usei a hipótese de que originalmente as pessoas viviam em pequenas hordas, cada qual dominada por um macho mais velho, que se apossava de todas as fêmeas e castigava ou afastava todos os homens mais jovens, inclusive seus filhos. De Atkinson, dando continuidade a essa descrição, usei a informação de que esse sistema patriarcal teve seu fim com a indignação dos filhos, que se juntaram contra o pai, subjugaram-no e consumiram-no conjuntamente. Complementando a teoria totêmica de Robertson Smith, eu supus que depois a horda patriarcal deu lugar ao clã totêmico de irmãos. Para viverem juntos em paz, os irmãos vencedores renunciaram às mulheres que haviam sido a causa do assassinato do pai, e impuseram a si mesmos a exogamia. O poder paterno havia sido eliminado, e as famílias foram organizadas de acordo com o matriarcado. A postura emocional ambivalente dos filhos contra o pai vigorou ao longo de todo o desenvolvimento posterior. No lugar do pai foi introduzido um determinado animal, como totem, que passou a valer como antepassado e espírito protetor, e não podia ser maltratado ou morto. Porém uma vez ao ano toda a comunidade masculina reunia-se para um banquete, no qual o animal totêmico, até então adorado, era despedaçado e consumido conjuntamente. Ninguém podia se abster desse banquete, ele era a repetição solene do assassinato do pai, com o qual se iniciara a ordem social, as leis morais e a religião. A coincidência da refeição totêmica descrita por Robertson Smith com a eucaristia cristã já havia chamado a atenção de alguns autores antes de mim.

Eu me atenho até hoje a essa construção. Recebi violentas críticas, repetidas vezes, por não ter mudado minha opinião nas edições posteriores do livro, depois que, de forma unânime, novos etnólogos rejeitaram as colocações de Robertson Smith e em parte apresentaram outras teorias totalmente divergentes. A minha resposta é que conheço bem esses supostos progressos. Mas não me convenci, nem da exatidão dessas inovações, nem dos enganos de Robertson Smith. Uma posição contrária ainda não é, nem de longe, uma refutação, e uma inovação não é necessariamente um progresso. Mas, sobretudo, eu não sou um etnólogo, sou um psicanalista. Era meu direito extrair da literatura etnográfica o que podia servir para meu trabalho analítico. Os trabalhos do genial Robertson Smith proporcionaram-me valiosos contatos com o material psicológico da análise, inclusive referências para o seu aproveitamento. Nunca estive ao lado desses seus opositores.

3.2.8. O desenvolvimento histórico

Não posso repetir aqui detalhadamente o conteúdo de TOTEM E TABU, mas devo concentrar-me no preenchimento do longo percurso entre aquele suposto tempo primitivo e a vitória do monoteísmo em tempos históricos. Depois que foi organizado o conjunto de clã de irmãos, matriarcado, exogamia e totemismo, ocorreu um processo que pode ser descrito como um lento "retorno do que havia sido reprimido". Usamos aqui o termo "reprimido" num sentido impróprio. Trata-se de algo passado, desaparecido, superado na vida de um povo, que ousamos equiparar ao "reprimido" na vida psíquica do indivíduo. Não conseguimos afirmar que formato psicológico esse conteúdo passado assumiu durante o tempo em que existiu na obscuridade. Não é fácil para nós transportar os conceitos da psicologia individual para a psicologia de massas, e eu não acredito que alcançaremos alguma coisa se introduzirmos o conceito de um inconsciente "coletivo". O conteúdo do inconsciente já é coletivo, é patrimônio conjunto dos seres humanos.

Portanto, provisoriamente vamos apelar para a utilização de analogias. Os processos que estudamos aqui, na vida dos povos, são bastante semelhantes aos que conhecemos da psicopatologia, porém não totalmente os mesmos. Finalmente nós nos decidimos pela suposição de que as manifestações psíquicas daqueles tempos primitivos converteram-se num patrimônio hereditário, que apenas precisava ser despertado a cada nova geração, e não adquirido. No caso, lembramos do exemplo do simbolismo certamente "inato", originário da época do desenvolvimento da fala, familiar a todas as crianças sem que elas tivessem recebido qualquer instrução, e que é igual em todos os povos, apesar da diferença de idiomas. O que ainda nos falta em certeza, ganhamos em outros resultados da pesquisa psicológica. Descobrimos que nossas crianças, em um grande número de relações significativas, não mostram uma reação que corresponda às suas próprias vivências, mas reagem instintivamente, semelhante aos animais, o que só se pode explicar pela aquisição filogenética.

O retorno do que foi reprimido ocorre lentamente, certamente não de forma espontânea, mas sob a influência de todas as alterações nas condições de vida que preenchem a história cultural das pessoas. Não posso apresentar aqui um panorama dessas dependências, nem uma enumeração mais que incompleta das etapas desse retorno. O pai voltou a ser o chefe da família, nem de longe tão ilimitado quanto havia sido o pai da horda. O animal totêmico distancia-se do deus numa série de transições ainda bastante nítidas. Primeiro o deus com o formato de ser humano ainda possui a cabeça do animal, mais tarde ele se transforma, preferencialmente nesse animal determinado, que se torna sagrado e seu acompanhante preferido, ou então ele mata o animal e depois passa a usar, ele mesmo, o seu epíteto. Entre o animal totêmico e o deus surge o herói, muitas vezes como uma etapa anterior da divinização. A ideia de uma divindade suprema parece introduzir-se logo cedo, num primeiro momento apenas difusamente, sem a intromissão nos interesses diários dos humanos. Com a associação das tribos e povos em unidades maiores, os deuses também se organizam em famílias, em hierarquias. Muitas vezes um deles é promovido à posição de chefe de deuses e seres humanos. Depois, de forma titubeante, ocorre o passo seguinte em que se adora apenas um deus, e finalmente segue-se a decisão de conceder todo o poder a um único deus e não tolerar outros deuses ao seu lado. Só assim a glória do pai das hordas primitivas pôde ser recuperada, e os afetos dirigidos a ele puderam ser novamente reproduzidos.

O primeiro efeito do reencontro com o que foi tão desejado e fez tanta falta por um período tão longo foi avassalador, e ocorreu exatamente como foi descrito pela tradição da entrega das leis no monte Sinai. Admiração, respeito e gratidão por terem encontrado a graça diante de seus olhos — a religião de Moisés não conhece nenhum outro sentimento além desses sentimentos positivos pelo deus pai. A convicção de sua irresistibilidade, a submissão à sua vontade, não podiam ser mais absolutas no filho intimidado e indefeso do pai da horda; sim, esses sentimentos só se tornam completamente compreensíveis quando os transpomos ao meio primitivo e infantil. Numa medida diferente das emoções adultas, as infantis são intensa e inesgotavelmente profundas, apenas o êxtase religioso é capaz de reproduzi-las. Assim, o êxtase da devoção ao deus é a primeira reação ao retorno do grande pai.

Com isso o rumo dessa religião do pai consolidou-se para sempre, mas seu desenvolvimento não se encerrou. A ambivalência faz parte da essência da relação com o pai; não podemos omitir que ao longo dos tempos também houve a manifestação daquela hostilidade que um dia incentivou os filhos a matarem o admirado e temido pai. Mas não havia espaço no âmbito da religião de Moisés para a expressão direta do ódio mortal ao pai; era possível apenas expressar uma poderosa reação a ele, a consciência de culpa por causa dessa hostilidade, a consciência pesada pelo pecado cometido contra Deus, e por não se ter cessado de pecar. Essa consciência de culpa alimentada continuamente pelos profetas, e que logo se converteria em um conteúdo integrador do sistema religioso, tinha uma outra motivação, mais superficial, que mascarava habilmente sua verdadeira origem. O povo passava mal, as esperanças colocadas nas graças de Deus não se concretizavam, não era fácil continuar se agarrando à ilusão, tão amada, de que se era o povo eleito de Deus. Se não quisessem renunciar a essa felicidade, o sentimento de culpa pela própria pecaminosidade oferecia uma bem vinda desculpa para Deus. Não se merecia nada melhor do que ser castigado por ele, porque não se cumpria os mandamentos, e com a necessidade de satisfazer essa consciência de culpa insaciável e proveniente de uma fonte tão mais profunda, era preciso permitir que esses mandamentos ficassem cada vez mais rigorosos, dolorosos e também mesquinhos. Num novo surto de ascese moral impunha-se cada vez mais renúncias às pulsões, e com isso se alcançava, pelo menos na doutrina e nos preceitos, alturas éticas que haviam permanecido inacessíveis aos outros povos antigos. Nesse caminho às alturas muitos judeus vislumbram a segunda característica mais marcante e o segundo grande feito de sua religião. Em nossas explicações deve ser mencionado como ele se relaciona com a primeira ideia, a do Deus único. Mas essa ética não pode negar sua origem na consciência de culpa produzida pela reprimida hostilidade contra Deus. Ela possui o caráter inacabado e inacabável das formações de reações neuróticas obsessivas; também percebemos que ela serve aos propósitos secretos da aplicação de uma penalidade.

O desenvolvimento remanescente se estende para além do judaísmo. O resto daquilo que retornou da tragédia do pai primitivo já não era mais, de modo algum, compatível com a religião de Moisés. Há muito a consciência de culpa daquela época não se restringia mais ao povo judaico, ela havia contagiado todos os povos mediterrâneos, como um mal estar difuso, um pressentimento de infortúnio, cujo motivo ninguém sabia determinar. Os textos históricos de nossos dias falam de um envelhecimento da cultura antiga, eu suponho que eles abrangeram apenas causas e contribuições ocasionais ao descontentamento daqueles povos. O esclarecimento da situação opressiva partiu do judaísmo. Apesar de todas as aproximações e antecipações foi mesmo um homem judeu chamado *Saulo de Tarso*, um burguês romano que chamava a si mesmo de *Paulo*, que pela primeira vez reconheceu, em seu espírito: "somos tão infelizes porque matamos o Deus pai." E é plenamente compreensível que ele só tenha conseguido entender essa parte da verdade na roupagem ilusória da Boa Nova: "Fomos libertados de toda culpa, desde que um de nós sacrificou sua vida para nos redimir." Naturalmente essa formulação não menciona a morte de Deus; porém um crime que precisou ser redimido por uma morte sacrifical, só poderia ter sido um assassinato. E a conciliação entre o delírio e a verdade histórica produziu a certeza de que o sacrificado foi o filho de Deus. Com a força que recebeu da fonte da verdade histórica, essa nova crença derrubou todos os obstáculos; no lugar da condição bem aventurada de eleito, entrou a redenção libertadora. Porém em seu retorno à lembrança da humanidade, o evento da morte do pai teve de superar resistências maiores do que o outro, que constituira o conteúdo do monoteísmo; ele também teve de tolerar uma maior desfiguração. O crime indizível foi substituído pela adoção de um vago pecado original.

O pecado original e a redenção pela morte sacrifical tornaram-se os pilares da nova religião fundada por Paulo. Se na turba de irmãos que se levantou contra o pai primitivo existiu realmente um líder e incentivador do assassinato, ou se essa figura foi criada mais tarde pela fantasia dos poetas e introduzida na tradição, para produzir um herói a partir de um indivíduo, é uma pergunta que deve permanecer em aberto. Depois que a doutrina cristã ultrapassou os limites do judaísmo, ela adotou elementos de muitas outras fontes, renunciou a alguns traços do puro monoteísmo, e ajustou-se, com muitas particularidades, ao ritual dos restantes povos mediterrâneos. Era como se o Egito recente estivesse se vingando nos herdeiros de Aquenáton. O que chama a atenção é o modo como a nova religião lidou com a antiga ambivalência da relação com o pai. Seu conteúdo principal foi a reconciliação com o Deus pai, a redenção do crime cometido contra ele; mas o outro lado da relação afetiva mostrou-se no fato do filho, que assumira a redenção, tornar-se ele mesmo Deus, ao lado do pai e na verdade até no lugar dele. Partindo de uma religião patriarcal, o cristianismo tornou-se uma religião do filho. Não escapou da fatalidade de afastar o pai.

Só uma parte do povo judeu adotou a nova doutrina. Aqueles que se recusaram chamam-se judeus, até hoje. Com essa ruptura eles se separaram dos outros, mais do que antes. Da nova comunidade religiosa, que além dos judeus recebeu também egípcios, gregos, sírios, romanos e finalmente germanos, tiveram de ouvir a acusação de terem matado Deus. Literalmente, essa acusação foi: "Eles não querem admitir que mataram Deus, enquanto nós o admitimos e fomos purificados dessa culpa." Então facilmente reconhecemos quanta verdade se esconde atrás dessa acusação. Seria objeto de uma pesquisa especial tentar saber por que foi impossível para os judeus participar desse avanço, com toda a desfiguração, representado pelo reconhecimento do assassinato de Deus. De certo modo eles carregaram uma culpa trágica; nós os deixamos penitenciar-se gravemente.

Nossa pesquisa talvez tenha lançado alguma luz sobre a pergunta de como o povo judeu adquiriu as qualidades que o caracterizam. Menos esclarecimento ainda foi encontrado no problema de como, até os dias de hoje, eles puderam manter sua individualidade. Mas para sermos justos, as respostas exaustivas desses enigmas não deverão ser exigidas nem esperadas. Avaliar a minha contribuição, depois das mencionadas limitações no início deste texto, é tudo que posso oferecer.

© *Copyright* desta tradução: Editora Martin Claret Ltda., 2022.
Título original: *Der Mann Moses und die Monotheistische Religion*

DIREÇÃO
Martin Claret

PRODUÇÃO EDITORIAL
Carolina Marani Lima
Mayara Zucheli

DIREÇÃO DE ARTE E CAPA
José Duarte T. de Castro

DIAGRAMAÇÃO
Giovana Quadrotti

REVISÃO
Rinaldo Milesi

IMPRESSÃO E ACABAMENTO
Ipsis Gráfica e Editora

Este livro segue o novo Acordo Ortográfico da Língua Portuguesa.

**Dados Internacionais de Catalogação na Publicação (CIP)
(Câmara Brasileira do Livro, SP, Brasil)**

Freud, Sigmund, 1856-1939
  Moisés e o monoteísmo / Sigmund Freud; tradução: Inês A. Lohbauer. – São Paulo: Martin Claret, 2023.

  Título original: Der mann Moses und die monotheistiche religion
  ISBN 978-65-5910-254-9

  1. Freud, Sigmund, 1856-1939 2. Psicanálise 3. Religião. I. Título.

23-147134   CDD-150.1952

Índices para catálogo sistemático:
  1. Freud, Sigmund: Psicanálise e religião: Psicologia   150.1952
  Eliane de Freitas Leite - Bibliotecária - CRB-8/8415

EDITORA MARTIN CLARET LTDA.
Rua Alegrete, 62 - Bairro Sumaré - CEP: 01254-010 - São Paulo, SP - Tel.: (11) 3672-8144 - www.martinclaret.com.br
Impresso em 2023.